MOVED BY THE SPIRIT

AN ANTHOLOGY OF POLISH RELIGIOUS POETRY

✠

Foreword
by
Rowan Williams

The Archbishop of Canterbury

✠

Edited
by
Adam Czerniawski

Belfast
LAPWING

First Published by Lapwing Publications
c/o 1, Ballysillan Drive
Belfast BT14 8HQ
lapwing.poetry@ntlworld.com
http://www.freewebs.com/lapwingpoetry/

Copyright Translations © Adam Czerniawski 2010
Copyright Collaborative Translations of
Adam Czerniawski's Poems © Iain Higgins 2010
Copyright of Original Texts © The Authors
or the Copyright Holders 2010
All rights reserved

The authors have asserted their rights under Section 77
of the Copyright, Design and Patents Act 1988
to be identified as the author of this work.
British Library Cataloguing in Publication Data.
A catalogue record for this book is available from
the British Library.

Since before 1632
The Greig sept of the MacGregor Clan
Has been printing and binding books

All Lapwing Publications are
Printed and Hand-bound in Belfast
Set in Aldine 721 BT at the Winepress

ISBN 978-1-907276-51-4

CONTENTS

Foreword by the Archbishop of Canterbury . . . . *VII*

Editor's note . . . . *VIII*

Jan Kochanowski 13
       Tren iii 14
       Tren iii *14*
       Tren vii 15
       Tren vii *16*
       Tren viii 17
       Tren viii *17*
       Tren x 18
       Tren x *19*
       Tren xi 20
       Tren xi *21*
       Tren xii 22
       Tren xii *23*
       Tren xvii 24
       Tren xvii *25*
       Tren xviii 28
       Tren xviii *29*

Cyprian Kamil Norwid 31
       Do Emira Abdel-Kadera w Damaszku 32
       To Emir Abdel Kader in Damascus *33*
       Wczora – i – Ja 36
       Yesterday – and – I *37*
       Litość 38
       Mercy *39*
       Czemu nie w chórze? 40
       Why not in chorus? *41*
       Do Zeszłej 42
       To a Deceased *43*
       Piękno 44
       Beauty *45*

Leopold Staff 47
       Flet 48
       Flute *48*
       Zmierzch 49
       Dusk *49*

Zły pejzaż	50
A bad landscape	*50*
Portret	52
Portrait	*53*
Tadeusz Różewicz	**55**
Kasztan	56
Chestnut	*57*
Drewno	58
Wood	*58*
Śmierć	59
Death	*59*
Nieznany list	60
Unrecorded Epistle	*61*
Uśmiech Leonarda da Vinci	62
The Smile of Leonardo da Vinci	*63*
Drzwi	64
Doors	*65*
Cierń	66
Thorn	*67*
Rzeczywistość	68
The Reality	*69*
Bez	70
Without	*71*
Widziałem go	74
I have seen him	*75*
"czas na mnie"	78
"my time is up..."	*79*
dostojewski mówił	80
dostoyevsky said	*81*
Palec na Ustach	82
Finger on Lips	*82*
Leon Zdzisław Stroiński	**83**
Warszawa	84
Warsaw	*85*
Tymoteusz Karpowicz	**87**
Księga Eklezjastesa	88
Ecclesiastes	*89*

Wisława Szymborska 91
    Żona lota 92
    Lot's Wife *93*
    Jarmark Cudów 96
    Miracle Mart *97*
    Na Wieży Babel 100
    On the Tower of Babel *101*

Zbigniew Herbert 103
    Sprawozdanie z Raju 104
    Report from Paradise *105*
    Co Myśli Pan Cogito o Piekle 106
    Pan Cogito's Thoughts on Hell *107*
    U Wrót Doliny 108
    At the Gates of the Valley *109*
    Dawni Mistrzowie 112
    Old Masters *113*
    Modlitwa Pana Cogito – Podróżnika 116
    Prayer of Pan Cogito – Traveller *117*
    Męczeństwo Pana Naszego Malowane Przez
        Anonima w Kręgu Mistrzów Nadreńskich ... 120
    The Passion of Our Lord Painted by an Anonymous
        Hand from the Circle of Rhenish Masters *121*
    Próba Rozwiązania Mitologii 122
    An Attempt to Dissolve Mythology *123*

Jan Darowski 125
    Post-mortem 126
    Post-mortem *127*

Bogdan Czaykowski 129
    Ogród 130
    Garden *131*
    Medytacja 134
    Meditation *135*
    Jak Dziecko 136
    Like a Child *137*
    Nie jestem tym, czym Jestem 138
    I'm not that which I am *138*

Andrzej Bursa 139
    Św. Józef 140
    Saint Joseph *141*

Adam Czerniawski 143
    Fragment 144
    Fragment *144*
    Wyspa Gaunilona 145
    Gaunilo's Island *145*
    Samosąd 146
    Self-judgment *146*
    Incydent w Dolinie 147
    Incident in a valley *147*
    incydent w Świątyni 148
    Incident in a Temple *148*
    Incydent w Niebie 149
    Incident in Heaven *149*
    Św. Sebastian 150
    St Sebastian *151*

The poems by Adam Czerniawski
are translated by Iain Higgins,
all the remaining poems are translated by Adam Czerniawski.

FOREWORD
By
Rowan Williams,
The Archbishop of Canterbury

Perhaps the most challenging thing to emerge from this anthology is a sense of a poetry of 'the spirit' that is essentially a poetry of loss. It is as if articulating what 'spirit' might mean is bound to be the exploring of different kinds of absence. Tadeusz Różewicz – one of the most poignant and profound voices in this collection – can speak of the human identity itself in terms of 'the image and likeness of a god / who's gone': being human is standing in for a presence that is both necessary and no longer available. The same writer sums it up at the end of another poem: 'life without god is possible / life without god is impossible'.

Something of this is echoed many times in these poems. Zbigniew Herbert's picture of the gods voting to disband themselves, and the uncertain new possibilities that this creates; Wisława Szymborska on miracles and the thinkability of the unthinkable; Adam Czerniawski's evocation of Gaunilo (St Anselm's opponent in debate) and of a God weary of having his existence proved – all these lead back to the same difficult place. Speaking of the holy is speaking of what is not there; speaking of the human, indeed, is in some way speaking of what is not there.

But speaking of what is not there is, for these writers, the only way of being truthful in a way that releases – what? We should have to say something like 'grace', or at least a hope that is outside the realms of cause and effect and objects and subjects. This poetry of the spirit is not easily conscripted in the cause either of conventional faith or conventional unbelief, and that is what makes it so compelling in its depth and candour. Beginning as it does with a heartbreaking sequence from the sixteenth century Jan Kochanowski on the death of an adored daughter, it displays many more varieties of loss, yet consistently draws us into a kind of hard-won hope and a confidence in something more than just the resources of secular reason.

This is a moving, powerful anthology, finely translated, which will introduce to English-language readers a counterpoint of poetic voices whose quality is extraordinary, both in emotional range and in freshness and boldness of metaphor.

Rowan Williams
Archbishop of Canterbury
Lambeth Palace, London
November 2008

EDITOR'S NOTE

Editing poetry anthologies is always a risky business: there will always be people who complain about unfair exclusions or inclusions. Anthologies of translated poetry are especially vulnerable because, even those who should know better, don't seem to recognise the enormous difference between editing an anthology of native works and one of translations. In the first instance, it is enough for the editor to make the selection and then pass the titles to his secretary to prepare a print-out for the printers. In the second, the editor has first to translate those texts, and again, even those who should know better, often assume that translating a poem can be done almost as quickly and satisfactorily as doing a live translation of an UN speech. But even a short lyric can occupy a translator for several years. So his choice is severely curtailed by the time at his disposal. The second equally restricting obstacle is the challenge of the texts themselves: some that merit translation may prove untranslatable.

But are there really untranslatable poems? Maybe I can't cope, but someone else can or already has. That introduces another problem for the editor. Should he confine himself to one translator – the editor in this instance[1] – or use as many as appear necessary for a reasonably comprehensive anthology? I prefer my approach because it means I have full control of the material and don't have to argue with my contributors over details of their versions and endure compromises. But if it is a one-man enterprise, isn't there a danger that all the translated poets will become indistinguishable, all sounding like the translator's own poetry, as happened in the case of, say, John Dryden, Alexander Pope, Robert Lowell or Seamus Heaney? It takes a translator of genius like Ezra Pound to be able to hide himself behind various masks. But here a translator like me, who works from his own language, has a great advantage: he hasn't got a poetic style of his own in the target language into which it would all too easy for him to channel his translations. I think it safe to claim that on a blind tasting a reader wouldn't have guessed that I am responsible for the Kochanowski, as well as the Norwid and the Różewicz versions.

In putting this anthology together I did not start with the idea that it would be good to have an anthology of Polish religious poetry – and then embark on the translation task. Over the last half-century or so I have from time to time been translating poems,

---

[1] With the sole exception here of Iain Higgins, who collaborated closely with me on my poems. He therefore represents a special case.

which I considered of good quality, and to which I thought I was capable of doing justice. And now, out of the several hundred I have translated, I have decided to select the ones which would be appropriate to such an anthology. Together with the constraints mentioned above, this is the reason why this selection cannot claim to be a fully representative and exhaustive of the subject, assuming such an ideal could ever be realised.

Three types of religious poetry may be distinguished. Firstly, prayers, which are couched in a poetic mode, and serve this purely instrumental purpose. These include poems by St Francis of Assissi and St Richard of Chichester. Secondly, poems of all kinds written by the faithful, which are therefore usually doctrinally correct. Not surprising therefore that, in an intensely and deeply Catholic country like Poland, there are many such poems written by clergy from Pope John Paul II down. But it doesn't necessarily follow that a cleric always obeys the rules. Gerard Manley Hopkins' "Terrible Sonnets" are a good example, but Polish clerics tend not to be so bold.

Such boldness is characteristic of the third category, and it to this category that the poems I have selected belong. They have all been written by lay people[2] with a Christian upbringing. The themes, imagery and symbolism they draw on come from the Judeo-Christian tradition in which these poets were brought up. Some of them have strayed from the faith of their youth, and consequently have poems that are questioning, as in Czaykowski's eschatological reflections, whereas a truly Renaissance man, Kochanowski is as much at home in the pagan world as he is in the Christian, and so creates a tension between the two; Herbert similarly draws on the two religious cultures and deftly applies a light touch to them, while Różewicz displays an extraordinary ability to mould the Gospels material anew; in Szymborska's "On the Tower of Babel" and "Lot's wife" the Old Testament stories are interpreted in a wholly secular way.

So, given the spiritual and cultural background of all the participants, it is especially satisfying and gratifying to have the Archbishop of Canterbury's Foreword to such a selection.

Adam Czerniawski
Monmouth, Wales
March 2009

---

[2] Jan Kochanowski was in holy orders, but during the Renaissance so were many poets and intellectuals, and that didn't prevent them leading "normal" worldly lives. Kochanowski was a royal courtier, a married man, whose daughter is the subject of his *Treny*.

It is plausible to think that various aspects of the ultimate reality are best expressed in religious worship and art – though not in the sense of a painter depicting the Absolute on a canvas or a priest explaining it in theoretically satisfactory categories. It is rather that what is nameless and not depictable may be hinted at – at least in intense religious and artistic acts – in such a manner that the hint coveys a feeling of understanding, a kind of momentary satisfaction which both is valid in cognitive terms and provides a certainty of being 'in touch with' or 'within' that which is more real than daily life reality.

Leszek Kołakowski
Metaphysical Horror

Moved by the Spirit

JAN KOCHANOWSKI
(1530-1584)

Jan Kochanowski, poet and dramatist, born in 1530 in Sycyna, southern Poland, is the country's pre-eminent Renaissance poet, combining love of ancient Greek and Roman culture with Christian piety. Author of both courtly poetry and metrical versions of the Psalms which, set to music by Mikołaj Gomółka, are sung in Polish churches to this day. Travelled in Germany, Italy and France.

The sequence of *Treny* [Laments] which he wrote to commemorate the death of his very young daughter Orszula, is universally acknowledged as one of Kochanowski's greatest achievements. He died in Lublin in 1584.

Jan Kochanowski was in holy orders, but during the Renaissance so were many poets and intellectuals, and that didn't prevent them leading "normal" worldly lives. Kochanowski was a royal courtier, a married man, whose daughter is the subject of his *Treny*.

Jan Kochanowski

TREN III

Wzgardziłaś mną, dziedziczko moja ucieszona.
Zdałać sie ojca twego barziej uszczuplona
Ojczyzna, niżibyś ty przestać na niej miała.
To prawda, żeby była nigdy nie zrownała
Z ranym rozumem twoim, z pięknemi przymioty,
Z ktorych sie już znaczyły twoje przyszłe cnoty.
O słowa, o zabawo, o wdzięczne ukłony,
Jakożem ja dziś po was wielce zasmęcony.
A ty, pociecho moja, już mi sie nie wrócisz
Na wieki ani mojej tesknice okrócisz.
Nie lza, nie lza, jedno sie za tobą gotować,
A stopeczkami twemi ciebie naszladować.
Tam cię ujźrzę, da Pan Bóg, a ty więc z drogiemi
Rzuć sie ojcu do szyje ręczynkami swemi.

TREN III

You've scorned me, my delightful heiress!
Your patrimony you judged too meagre to inherit.
True, it was no match
For your fresh mind and graceful ways,
Their witness to your future merits.
Your speech, your play, your gentle bearing:
These I now deeply mourn.
And you, my joy, will never return,
Never end my longings.
I must make ready your steps to trace,
There, God willing, feel your embrace.

Jan Kochanowski

TREN VII

Nieszczesne ochędóstwo, żałosne ubiory
Mojej namilszej cory,
Po co me smutne oczy za sobą ciągniecie?
Żalu mi przydajecie.
Już ona członeczków swych wami nie odzieje,
Nie masz, nie masz nadzieje.
Ujął ją sen żelazny, twardy, nieprzespany.
Już letniczek pisany
I uploteczki wniwecz, i paski złocone –
Matczyne dary płone.
Nie do takiej łóżnice, moja dziewko droga,
Miała cię mać uboga
Doprowadzić, nie takąć dać obiecowała
Wyprawę, jakąć dała.
Giezłeczkoć tylko dała a lichą tkaneczkę,
Ociec ziemie bryłeczkę
W główki włożył. Niestetyż, i posag i ona
W jednej skrzynce zamkniona.

Jan Kochanowski

TREN VII

Pitiful garments, lamentable dresses
　Of my beloved child –
Why do you draw my sad eyes
　To heap grief on grief?
Never will they clothe
　Her tiny limbs, there is no hope:
She lies gripped in an endless, iron, vice-like sleep.
　Her brightly-patterned summer frocks,
Her ribbons, her gold-studded belts,
　Her mother's gifts, all to no end.
Not to such a bed, dear child,
　Were you to be led.
The wardrobe: a vest and shift –
　Isn't what your mother pledged.
Beneath your head I place a clod of earth:
　Alas! you and your dowry in one chest lie wedged.

Jan Kochanowski

TREN VIII

Wielkieś mi uczyniła pustki w domu moim,
Moja droga Orszulo, tym zniknienim swoim.
Pełno nas, a jakoby nikogo nie było:
Jedną maluczką duszą tak wiele ubyło.
Tyś za wszytki mówiła, za wszytki śpiewała,
Wszytkiś w domu kąciki zawżdy pobiegała.
Nie dopuściłaś nigdy matce sie frasować
Ani ojcu myśleniem zbytnim głowy psować,
To tego, to owego wdzięcznie obłapiając
I onym swym uciesznym śmiechem zabawiając.
Teraz wszytko umilkło, szczere pustki w domu,
Nie masz zabawki, nie masz rośmiać sie nikomu.
Z każdego kąta żałość człowieka ujmuje,
A serce swej pociechy darmo upatruje.

TREN VIII

Your flight, my dearest, caused
This vast emptiness in my house.
We are so many yet no one's here:
One tiny soul and so much is gone.
You spoke and sang for all alone,
  Skipped around in every corner of the house,
Never let your mother fret,
  Never let your father brood,
Hugging one and then the other,
  Cheering all with joyful laughter.
Now all is silent, the house stands bare,
  There's no laughter, song or joy.
From every corner stares remorseless grief
  As gnawing heartache vainly seeks relief.

Jan Kochanowski

TREN X

Orszulo moja wdzięczna, gdzieś mi sie podziała?
W którą stronę, w którąś sie krainę udała?
Czyś ty nad wszystki nieba wysoko wniesiona
I tam w liczbę aniołkóków małych policzona?
Czyliś do raju wzięta? Czyliś na szcześliwe
Wyspy zaprowadzona? Czy cię przez teskliwe
Charon jeziora wiezie i napawa zdrojem
Niepomnym, że ty nie wiesz nic o płaczu mojem?
Czy człowieka zrzuciwszy i myśli dziewicze,
Wzięłaś na się postawę i piórka słowicze?
Czyli sie w czyścu czyścisz, jesli z strony ciała
Jakakolwiek zmazeczka na tobie została?
Czyś po śmierci tam poszła, kędyś pierwej była,
Niżeś sie na mą cieżką żałość urodziła?
Gdzieśkolwiek jest, jesliś jest, lituj mej żałości,
A nie możesz li w onej dawnej swej całości,
Pociesz mię, jako możesz, a staw sie przede mną
Lubo snem, lubo cieniem, lub marą nikczemną.

Jan Kochanowski

TREN X

My fair Orszula, where have you fled?
Are you above the celestial spheres, numbered
Among angelic hosts? Are you in Paradise?
Or are you taken to the Fortunate Isles?
Does Charon guide you over disconsolate lakes,
 Offering draughts from the erasing stream,
So you can't know my tears?
 Or, shedding human shape and youthful dreams,
Have you assumed a nightingale's form and wings?
 Or are you being cleansed in purgatorial flames
Lest you carry still the marks of tainted flesh?
 Or in death have you returned
To where you dwelt before you caused my pain?
 Wherever you are, if you are, take pity on my grief,
And if you cannot in the flesh,
 Console me and appear
As dream, shade or vision.

Jan Kochanowski

TREN XI

"Fraszka cnota" – powiedział Brutus porażony.
Fraszka, kto sie przypatrzy, fraszka z każdej strony.
Kogo kiedy pobożność jego ratowała?
Kogo dobroć przypadku złego uchowała?
Nieznajomy wróg jakiś miesza ludzkie rzeczy,
Nie mając ani dobrych, ani złych na pieczy.
Kędy jego duch więnie, żaden nie ulęże:
Praw li, krzyw li, bez braku każdego dosięże.
A my rozumy swoje przedsię udać chcemy.
Hardzi miedzy prostaki, że nic nie umiemy,
Wspinamy sie do nieba, Boże tajemnice
Upatrując; ale wzrok śmiertelnej źrzenice
Tępy na to; sny lekkie, sny płoche nas bawią,
Które sie nam podobno nigdy nie wyjawią.
Żałości, co mi czynisz? Owa już oboje
Mam stracić: i pociechę, i baczenie swoje?

Jan Kochanowski

TREN XI

Virtue: a trifle! – stricken Brutus found.
A trifle, if you see it in the round.
Has piety ever brought salvation?
A lurking foe entangles men's affairs
With no distinction between good and bad.
That spirit blows and none is spared:
Neither the righteous nor the knave.
Hiding our folly, we flaunt our wits
To dazzle simple souls. We climb
To heaven, spying on God's mysteries,
But the sight of mortal eyes
Proves dim. Scant, fleeting dreams
Tease us, their sense unguessed.
Despair, what have you done? Am I
To lose both joy and reason?

Jan Kochanowski

TREN XII

Żaden ociec podobno barziej nie miłował
Dziecięcia, żaden barziej nad mię nie żałował.
A też ledwie sie kiedy dziecię urodziło,
Co by łaski rodziców swych tak godne było:
Ochędożne, posłuszne, karne, niepieszczone,
Śpiewać, mówić, rymować, jako co uczone;
Każdego ukłon trafić, wyrazić postawę,
Obyczaje panieńskie umieć i zabawę.
Roztropne, obyczajne, ludzkie, nierzewniwe,
Dobrowolne, układne, skromne i wstydliwe.
Nigdy ona po ranu karmie nie wspomniała,
Aż pierwej Bogu swoje modlitwy oddała.
Nie poszła spać, aż pierwej matkę pozdrowiła
I zdrowie rodziców swych Bogu poruczyła.
Zawżdy przeciwko ojcu wszytki przebyć progi,
Zawżdy sie uradować i przywitać z drogi.
Każdej roboty pomóc, do każdej posługi
Uprzedzić było wszytki rodziców swych sługi.
A to w tak małym wieku sobie poczynała,
Że więcej nad trzydzieści miesięcy nie miała.
Tak wiele cnót jej młodość i takich dzielności
Nie mogła znieść: upadła od swej[że] bujności,
Żniwa nie doczekawszy. Kłosie mój jedyny
Jeszcześ mi sie był nie zstał, a ja twej godziny
Nie czekając, znowu cię w smutną ziemię sieję,
Ale pospołu z tobą grzebę i nadzieję,
Bo już nigdy nie wznidziesz ani przed mojema
Wiekom wiecznie zakwitniesz smutnemi oczema.

Jan Kochanowski

TREN XII

No father loved his daughter more,
 Nor mourned her more than I do mine;
But was there ever such a child
 So worthy of her parents' care?
Neat, obedient, kind, unspoilt,
 Singing, talking, deftly rhyming,
Matching our manners in bows and graces,
 Skilled in maidenly tasks and games,
Polite, not fractious, sensible and good,
 Decorous, willing, dutiful and civil.
She never had her morning meal
 Before her prayers unto God;
At bedtime in her mother's arms
 She asked the Lord
To grant her parents health.
 On her father's coming home
She ran to greet him at the door
 And made him smile.
She always helped at meals,
 Learning domestic skills,
Though not yet three years old.
 Her youth unable to sustain
Such virtue, such sublime
 Nobility, she was weighed down
Before due harvest time.
 My special seed-corn,
You must again be sown,
 Burying my hopes
In saddest ground;
 For never will you rise,
Never bloom
 Before my grieving eyes.

Jan Kochanowski

TREN XVII

Pańska ręka mię dotknęła,
Wszytkę mi radość odjęła.
Ledwie w sobie czuję duszę
I tę podobno dać muszę.

Lubo wstając gore jaśnie,
Lubo padnąc, słońce gaśnie,
Mnie jednako serce boli,
A nigdy sie nie utoli.

Oczu nigdy nie osuszę
I tak wiecznie płakać muszę.
Muszę płakać; o mój Boże,
Kto sie przed Tobą skryć może?

Prózno morzem nie pływamy,
Prózno w bitwach nie bywamy:
Ugodzi nieszczeście wszędzie,
Choć podobieństwa nie będzie.

Wiódłem swój żywot tak skromnie,
Że ledwie kto wiedział o mnie,
A zazdrość i złe przygody
Nie miały mi w co dać szkody.

Lecz Pan, który gdzie tknąć widzi,
A z przestrogi ludzkiej szydzi,
Zadał mi raz tym znaczniejszy,
Czymem już był bezpieczniejszy.

A rozum, który w swobodzie
Umiał mówić o przygodzie,
Dziś ledwe sam wie o sobie:
Tak mię podparł w mej chorobie.

Jan Kochanowski

TREN XVII

The Lord's hand touched me,
All joy's gone:
My soul I hardly sense
And soon must see it hence.

When the sun is bright,
When it darkly sets
My heart aches still
And will not heal.

Eyes never dry
Must always weep.
I must cry. My God
Where can I hide?

Shun the high seas?
Shun bloody wars?
Fate will come
Wherever I am.

I've led a quiet life,
I'm hardly known:
Disasters nor spite
Had nowhere to bite.

But God knows where to hurt
And scorns our caution:
He struck the harder
The safer I felt.

When carefree,
Reason readily opined,
Yet now barely knows itself.
Can it heal a sick mind?

Jan Kochanowski

Czasem by sie chciał poprawić,
A mnie ciężkiej troski zbawić,
Ale gdy siędzie na wadze,
Żalu ruszyć nie ma władze.

Prózne to ludzkie wywody,
Żeby szkodą nie zwać szkody;
A kto sie w nieszczęściu śmieje,
Ja bych tak rzekł, że szaleje.

Kto zaś na płacz lekkość wkłada,
Słyszę dobrze, co powiada,
Lecz sie tym żal nie hamuje,
Owszem, więtszy przystępuje.

Bo mając zranioną duszę,
Rad i nierad płakać muszę;
Co snaść nie cześć, to ku szkodzie
I zelżywość serce bodzie.

Lekarstwo to, prze Bóg żywy,
Ciężkie na umysł troskliwy.
Kto przyjaciel zdrowia mego,
Wynajdzi co wolniejszego.

A ja zatym łzy niech leję,
Bom stracił wszytkę nadzieję,
By mnie rozum miał ratować,
Bóg sam mocen to hamować.

Jan Kochanowski

It relies on Time
To relieve me of care,
But set in balance
Weighs nothing against grief.

Vainly men try
To call injury joy:
Whoever laughs in pain
Has to be insane.

But whoever makes light of tears
I well know what he means;
Yet grief is not stemmed,
Rather it floods.

With an injured soul
I must willy-nilly sob:
Dignified it's not,
But reproach wounds the heart.

By God, that's a strong potion
For a troubled mind!
And whoever wants me hale
Must find a better drug.

So I'll shed tears
Having lost all hope
To be saved by reason.
Only God halts pain.

Jan Kochanowski

TREN XVIII

My nieposłuszne, Panie, dzieci Twoje
W szczęśliwe czasy swoje
Rzadko Cię wspominamy,
Tylko rozkoszy zwykłych używamy.

Nie baczym, że to z Twej łaski nam płynie,
A tak, że prędko minie,
Kiedy po nas wdzięczności
Nie uznasz, Panie, za Twe życzliwości.

Miej nas na wodzy, niech nas nie rozpycha
Doczesna rozkosz licha.
Niechaj na Cię pomniemy
Przynamniej w kaźni, gdy w łasce nie chcemy.

Ale ojcowskim nas karz obyczajem,
Boć przed Twym gniewem stajem,
Tak jako śnieg niszczeje,
Kiedy mu słońce niebieskie dogrzeje.

Zgubisz nas prędko, wiekuisty Panie,
Jesli nad nami stanie
Twa ciężka Boska ręka;
Sama niełaska jest nam sroga męka.

Ale od wieku Twoja lutość słynie,
A pierwej świat zaginie,
Niż Ty wzgardzisz pokornym,
Chocia był długo przeciw Tobie spornym.

Wielkie przed Tobą są występy moje,
Lecz miłosierdzie Twoje
Przewyssza wszytki złości:
Użyj dziś, Panie, nade mną litości.

Jan Kochanowski

TREN XVIII

We Your wayward children
 When fortunate
 Lost in common pleasures
Turn to You but rarely.

We forget they come
 Thanks to Your will
 And swiftly pass
When we seem ungrateful.

Hold tight the leash, Lord,
 To curb our vain earthly joys;
 May we praise You in torment
As we praise You in Grace.

Punish us like a father:
 We'll face Your wrath
 Like the snows melting
In the burning sun.

Swift is our end, everlasting Lord,
 When Your mighty arm
 Is poised to strike,
Your displeasure brings dread pain.

Yet we know Your mercy's eternal
 And sooner the world will perish
 Than You spurn the humble
Who opposed You long.

I have greatly erred,
 But Your benevolence
 Outweighs my sins:
Grant me mercy now!

Cyprian Kamil Norwid
(1821-1883)

Cyprian Kamil Norwid, poet, dramatist, prose-writer and graphic artist, was born in 1821 in Laskowo-Głuchy near Warsaw. In 1842 Norwid left Poland on a tour of Germany and Italy and then lived in Paris. In 1852 travelled to New York via London, whence in 1854 he returned via Liverpool and London to France. Neglected and destitute, he spent his remaining years in a refuge at Ivry run by Polish nuns for Polish orphans and veterans of the 1831 and 1863 insurrections against Russian domination.He died there in 1883.

In its obliqueness, concision and irony, Norwid's poetry was ahead of its time: it bears resemblance to Emily Dickinson's and T.S.Eliot's, and therefore baffled his contemporaries. He therefore did not achieve wide recognition until the 20th century.

Cyprian Kamil Norwid

DO EMIRA ABDEL-KADERA W DAMASZKU

1

Współczesnym zacnym oddać cześć –
To jakby cześć Bożej prawicy;
I sercem dobrą przyjąć wieść –
To jakby duch – łonem dziewicy.

2

Więc hołd, Emirze, przyjm daleki,
Któryś jak puklerz Boży jest;
Niech łzy sieroty, łzy kaleki
Zabłysną tobie – jakby chrzest.

3

Bóg jeden rządzi z wieków w wieki,
Nikt nie pomierzył Jego łask:
Chce? – to wyrzuci z ran swych ćwieki,
A gwiazdy w ostróg zmieni blask.

4

I nogą w tęczy wstąpi strzemię,
Na walny sądów jadąc dzień;
Bo kto Mu niebo dał? – kto ziemię? –
Kto Jemu światłość dał? – lub cień?

5

A jeźli w łzach gnębionych ludzi,
A jeźli w dziewic krwi niewinnej,
A jeźli w dziecku, co się budzi,
Ten sam jest Bóg – nie żaden inny –

Cyprian Kamil Norwid

TO EMIR ABD EL KADER IN DAMASCUS

1

Praise of living virtuous men
Is like praising God himself,
And good news received with love
Is like the Ghost in Mary's womb.

2

Accept then, Sir, a distant tribute,
You, who are like a shield of God;
May an orphan's tears, a cripple's tears
Shine as baptism on your head.

3

The one God reigns from age to age,
None knows the measure of His favours;
He bids the nails drop from his wounds,
He orders stars to shine as spurs;

4

His foot is in the rainbow's stirrup,
He rides to Judgment day;
Who gave Him earth and sky?
Who gave Him light and shade?

5

And if in tears of tortured men,
If in innocent maidens' blood,
If in the waking child,
There is only the one God,

Cyprian Kamil Norwid

6

To – namiot twój niech będzie szerszy
Niż Dawidowych cedrów las;
Bo, z Królów-Magów trzech, tyś pierwszy,
Co konia swego dosiadł w czas!

Cyprian Kamil Norwid

6

Then let your tent be broader
Than David's cedar groves;
For of the Magi you were first
To mount your horse upon the hour!

3

The Emir (1807-1883), though a Muslim, defended the Christian community against a pogrom in Syria in 1860.

Cyprian Kamil Norwid

WCZORA – I – JA

Och! smutna to jest i mało znajoma
Głuchota,
Gdy słowo słyszysz, ale ginie *koma*
I jota...

*

Bo anioł woła... a oni Ci rzeką:
"Zagrzmiało!"
Więc trumny na twarz załamujesz wieko
Pod skałą.

*

I nie chcesz krzyknąć: "Eli... Eli... czemu?"
– Ach, Boże!...
Żagle się wiatru liżą północnemu,
Wre morze.

*

W uszach mi szumi (a nie znam teorii,
Co burza?) –
Więc śnię i czuję, jak się tom historii
Zmarmurza...

Cyprian Kamil Norwid

YESTERDAY – AND – I

A deafness sad and rare –
When you hear
The Word – but miss
The *accent* and *stress*…

                    *

For an angel calls… But they mock:
'Thunder!'
So you slam the coffin lid over your face under
The rock.

                    *

You have no wish to cry
'Eloi… Eloi…' – why?
– Ah, God!… sails lap up the northern gale.
Seas rail.

                    *

A hum in my ear (I have no theory
Regarding storms)
So I dream and feel a folio of history
Turn to stone…

Cyprian Kamil Norwid

LITOŚĆ

Gdy płyną *łzy*, chustką je ocierają;
Gdy *krew* płynie, z gąbkami pośpieszają,
Ale gdy *duch* sączy się pod uciskiem,
Nie nadbiegną pierwej z ręką szczerą,
Aż Bóg to otrze sam, piorunów błyskiem.
– Wtenczas dopiero!...

Cyprian Kamil Norwid

MERCY

When *tears* flow, they wipe them with a cloth,
When *blood* flows, they run up with a sponge,
But when the *spirit* oozes under stress,
They will not rush with honest hands
Till God dries it with a thunder flash:
– Only then!...

Cyprian Kamil Norwid

CZEMU NIE W CHÓRZE?

1

Śpiewają wciąż wybrani
U żłobu, gdzie jest *Bóg*,
Lecz milczą zadyszani,
Wbiegając w próg...

2

A cóż dopiero owi,
Co ledwo wbiegli w wieś,
Gdzie jeszcze ucho łowi
Niewiniąt rzeź!...

3

Śpiewajcież, o wybrani,
U żłobu, gdzie jest Bóg!
Mnie jeszcze ucho rani
Pogoni róg...

4

Śpiewajcież, w chór zebrani –
Ja? – zmieszać mógłbym śpiew
Tryumfującej litanii:
  Jam widział *krew*!...

Cyprian Kamil Norwid

WHY NOT IN CHORUS?

1

Round *God's* manger
The chosen sing;
But others at the door
Silently catch their breath...

2

And what of those
Just entering the town
Where the ear still rings
With *innocents' cries*!...

3

Sing you! who are chosen
There where He was born;
My ear is pierced
By the pursuing horn...

4

Sing in triumphant chorus
Your praises unto God – –
I? – could spoil your song:
      I have seen *blood*!...

Cyprian Kamil Norwid

DO ZESZŁEJ
(na grobowym głazie)

Sieni tej drzwi otworem poza sobą
Zostaw – – wzlećmy już dalej!...
Tam, gdzie jest *Nikt* i jest *Osobą*:
– Podzielni wszyscy, a cali!...

*

Tam – milion rzęs, choć jedną łzą pokryte;
Kroć serc łkających: "*Gdzie Ty?*"
Tam – stopy dwie, gwoździami przebite,
Uciekające z planety...

* *
Tam – milion moich słów; tam – lecą i te.

Cyprian Kamil Norwid

TO A DECEASED
(On a tombstone)

Leave open behind you the door of this hall – –
Let us ascend higher!...
There *None* is and is a *Person:*
– All divisible, yet whole!...

    *

There – a million eyelashes covered with one tear,
'Where art Thou?' countless hearts sob,
– There – two nail-pierced feet
Fleeing the globe...

* *

There – a million of my words; there – they fly too.

Cyprian Kamil Norwid

PIĘKNO

...Bóg widzi wszystko –
         "Jakże to być może,
By tyle brzydot zniosło oko Boże?..."
– Chcesz poznać, jak to? W drobnym przybliżeniu,
Spojrzyj artysty okiem na ruinę,
Na pajęczyny przy słońca promieniu,
Na mierzw na polach, na garncarską glinę – –
– Wszystko nam dał On, nawet ślad, jak widzi
Sam, nie zazdrości nic, nic się nie wstydzi!
– Jest wszakże pycha, co złoci się słońcem
Dufając, że jej słońce nie przenika;
Ta – kontemplacji i wzroku jej końcem,
Ta – zatrzymaniem Boskiego promyka,
By zgasłą jasność i noc czuł u powiek
Najniewdzięczniejszy twór na świecie: człowiek.
– W *każdej z sztuk* niechże *wszystkie* lśnią – *prócz onej,*
Przez którą utwór będzie wyrażony.

Cyprian Kamil Norwid

BEAUTY

...God sees all –

"How can
God's eye endure ugliness all round?"
– If you wish to know, with an artist's eye
Look closely at a ruin, at cobwebs
In sunlight, at matted straw
In fields, at potter's clay – –
– He gave us all, even His traces,
As He perceives things, shows no envy, needs no shame!
Yet there is sun-gilded Pride
Convinced the sun will not pierce her;
She is the end of sight and contemplation,
She is the screen against God's rays,
So that man, the most ungrateful creature in the world,
Should feel extinguished brightness and night in his eyes.
– *In every art* let *all* arts gleam, *save the one
Through which* the work is to be done.

Moved by the Spirit

LEOPOLD STAFF
(1878-1957)

Leopold Staff, poet and translator, was born in 1878 in Lwów (now Lviv in the Ukraine), then the chief cultural centre in south-east Poland. After 1st World War he moved to Warsaw. He died in 1957 in Skarżysko-Kamienna in central Poland.

Staff was the benign spirit presiding over Polish poetry during the first half of the 20th century. He remained serenely aloof from all movements and schools, and achieved the seemingly impossible: general and critical acclaim and the respect and admiration of fellow-poets, including the young Tadeusz Różewicz, who claimed that he "knew the god of poetry".

Leopold Staff

FLET

Człowiek bardzo święty i pobożny
W modlitwie i czuwaniu
Całym wysiłkiem duszy
Myślał w zachwycie o Bogu
Pragnąc się z nim zjednoczyć
I wyraz dać swej tęsknocie.
Trudził się przez czas długi,
Wreszcie dał temu spokój.
Doszedł do przekonania
Że łatwiej to wygrać na flecie.

FLUTE

A very devout and holy man,
His soul fully strained
In vigilance and prayer,
Feverishly contemplated God
Desiring to be at one with Him
And to declare his longing.
He laboured for many days
But eventually gave up.
He concluded it's expressed
Better upon a flute.

Leopold Staff

ZMIERZCH

W polu, u drogi rozstajnej,
Przy rozwalonym wpół płocie,
Stoi krzyż prosty, zwyczajny,
Taki jak stał na Golgocie.

Z rozpostartymi ramiony
Przemawia niemą rozpaczą.
Czarne obsiadły go wrony,
Strząsają pióra i kraczą.

Górą chmur niskich kłąb płynie
Sinym, żałobnym łachmanem.
Co dzień o zmierzchu godzinie
Stoję tam z Marią i z Janem.

DUSK

Where road meet in a field
Along a broken wall
Stands an ordinary simple cross
Like that on Golgotha.

Its arms in the air,
It utters dumb despair,
Black ravens swoop and swing,
Croak and shake their wings.

Above, a twist of low cloud
Flows like a livid tattered shroud.
There daily at dusk I join
Mary and John.

Leopold Staff

ZŁY PEJZAŻ

Brązowe świeżą orką pole
Równo i płasko jak po stole
Ucieka w przestrzeń nieruchomo.
Ponad nim martwo się rozpina
Powietrzna pustka szarosina,
Którą z rozmachem przekreśla poziomo
Kilka ciemniejszych, grubych smug.
Jak gdyby stary malarz, Bóg,
Widząc barw całe ubóstwo i nędzę,
Znudzony,
Wytarł o płótno nieba pędzel
I rzucił obraz nie skończony.

Leopold Staff

A BAD LANDSCAPE

A field brown from fresh ploughing
Runs motionless into a vista
Straight and flat like a table-top.
Above it a stretch of dead
Blue-grey emptiness of air,
Crossed by a horizontal sweep
With a few thick darker streaks,
As though the old painter God,
Seeing the full poverty and misery of colours,
Bored,
Wiped his brush on the canvas of the sky
And threw away the unfinished picture.

Leopold Staff

PORTRET

Był ten sam zawsze,
Chociaż o coraz innej twarzy,
O coraz innym imieniu.
I lat jego kolejność
Sprzeczała się z czasem.
Żaden mistrz nie mógł w jednym głazie
Oddać jego podobieństwa,
Więc podawali sobie jego postać
Z ręki do ręki,
Jak lampadeforzy pochodnię.

Przedstawił go mistrz antyczny
W silnym, nagim atlecie,
Który w nachylonej postawie
Ma cisnąć w przyszłość dyskiem;
Lecz zapatrzył się w cel tak daleki,
Że dysk od dwóch tysiącleci
Nie odrywa się od jego dłoni,
Która zastygła w jałowym,
Nie spełnionym zamiarze.

Wyrzeźbił go potem Donatello,
Rycerza z Or San Michele,
Gdzie nie nagi, lecz zbroją okryty,
Opiera się na tarczy
Przekreślonej krzyżem.
Ale przyrosła mu do dłoni włócznia
Zwrócona ostrza płomieniem do góry,
Kiedy u jego stóp na ziemi
Wiło się zło o paszczy smoczej.

Aż go utrafił Michał Anioł
Młotem miażdżąc
Marmurowy ochłap trupiego ciała,
Które podtrzymuje pod ramiona
Matka bolesna,
Gdy syn jej nie mógł udźwignąć
Własnej nieludzkiej świętości.

Leopold Staff

PORTRAIT

He was always the same
Though his face was always different
And his name always new.
The sequence of the years
Conflicted with time.
No master could render his likeness
In a single stone,
So they passed his form
From hand to hand
Like torchbearers.

An ancient master
Presented him as a powerful nude athlete
Who from his thrusting stance
Is to hurl a discuss into the future;
But his gaze was fixed upon such distant goal
That for two thousand years
The discus has not left his hand
Which froze in a futile
Unfulfilled intention.

Then Donatello carved him
As the knight of Or San Michele
Where, not naked but dressed in armour,
He leans upon a shield
Marked with a cross.
But the spear, the flame of its blade upturned,
Took root in his palm
When Evil with a dragon jaw
Withered at his feet.

Finally Michaelangelo scored
Crushing with a hammer
A marble lump of dead flesh
Which the sorrowing mother
Supports by the arms
When her son can no longer bear
His own inhuman saintliness.

Moved by the Spirit

Tadeusz Różewicz
(b.1921)

Tadeusz Różewicz, poet, dramatist and prose-writer, born in 1921 in Radomsko in central Poland. He joined the Resistance during the War; his elder brother Janusz served in the Resistance intelligence, was tortured and executed by the Gestapo. Różewicz's first collection of poetry published in 1945 established him as a radically new voice in Polish poetry, acknowledged in his supremacy by critics, fellow-practitioners and poetry readers at large.

Although a prolific and wide-ranging writer, in Anglophone countries he is best-known for his two minimalist Auschwitz poems "Pigtail" and "Massacre of the Boys".

Tadeusz Różewicz

KASZTAN

Najsmutniej jest wyjechać
z domu jesiennym rankiem
gdy nic nie wróży rychłego powrotu

Kasztan przed domem zasadzony
przez ojca rośnie w naszych oczach

matka jest mała
i można ją nosić na rękach

na półce stoją słoiki
w których konfitury
jak boginie ze słodkimi ustami
zachowały smak
wiecznej młodości

wojsko w rogu szuflady już
do końca świata będzie ołowiane

a Bóg wszechmogący który mieszał
gorycz do słodyczy
wisi na ścianie bezradny
i źle namalowany

Dzieciństwo jest jak zatarte oblicze
na złotej monecie która dźwięczy
czysto.

Tadeusz Różewicz

CHESTNUT

Saddest of all is leaving
home on an autumn morning
when there is no hope of an early return

The chestnut father planted in front
of the house grows in our eyes

mother is tiny
you could carry her in your arms

On the shelf
jars full of preserves
like sweet-lipped goddesses
have retained the flavour
of eternal youth

soldiers at the back of the drawer
will stay leaden till the end of the world

while God almighty who mixed in
bitterness with the sweetness
hangs on the wall helpless
and badly painted

childhood is like the worn face
on a golden coin that rings
true.

Tadeusz Różewicz

DREWNO

Drewniany Chrystus
z średniowiecznego misterium
idzie na czworakach

cały w czerwonych drzazgach

w cierniowej obroży
z opuszczoną głową
zbitego psa

jak to drewno łaknie

WOOD

A wooden Christ
from a medieval mystery play
goes on all fours

full of red splinters

a collar of thorns
and the bowed head
of a beaten dog

how starved this wood is

Tadeusz Różewicz

ŚMIERĆ

Ściana okno
za drzwiami
głosik dziecka

za oknem ulica
tramwaj
wchodzi król Herod
diabeł śmierć

daję królowi złotówkę
i wyrzucam całe towarzystwo
za drzwi

śmierć jest
prawdziwa
ogląda się
i grozi mi palcem

DEATH

Wall window
outside
a child's tiny voice

below the window a street
a tram
enter King Herod
Devil Death

I give the King sixpence
and chase away
the whole crowd

Death
is real
looks back
shakes her finger

Tadeusz Różewicz

NIEZNANY LIST

Ale Jezus schylił się
i pisał palcem po ziemi
potem znowu schylił się
i pisał na piasku

Matko są tak ciemni
i prości że muszę pokazywać
cuda robię takie śmieszne
i niepotrzebne rzeczy
ale ty rozumiesz
i wybaczysz synowi
zmieniam wodę w wino
wskrzeszam umarłych
chodzę po morzu

oni są jak dzieci
trzeba im ciągle
pokazywać coś nowego

Kiedy zbliżyli się do niego
zasłonił i wymazał
litery
na wieki

Tadeusz Różewicz

UNRECORDED EPISTLE

But Jesus stooped
and with his finger wrote on the ground
then he stooped again
and wrote on the sand

Mother they are so dim
and simple I have to show them
marvels I do such silly
and futile things
but you understand
and will forgive your son
I change water into wine
raise the dead
walk the seas

they are like children
one has always
to show them something new
just imagine

And when they approached
he covered and effaced
the letters
for ever

Tadeusz Różewicz

UŚMIECH LEONARDA DA VINCI

Bóg upadł

leży na grzbiecie
bezbronny
odkryty jest
jego żywot
wieczny

wleczony
przez inteligentne mrówki
do grobu żywy
chrabąszcz
czarny lśniący
z głową tarczowatą
w złotej aureoli

Człowiek podnosi go słomką

patrzy
z uśmiechem
na pełnych
tajemnicy
ustach

kiedy tamten
tęgopokrywy
ciemny

odlatuje

1962

Tadeusz Różewicz

THE SMILE OF LEONARDO DA VINCI

God fell

lies on his back
defenceless
his life
eternal
stands revealed

dragged
by intelligent ants
to his grave a live
black shining
beetle
his shield-like head
in a golden halo

Man lifts him with a straw

and watches
with a mysterious
smile
on his lips

as that other
coleopterous
and dark

flies away

1962

Tadeusz Różewicz

DRZWI

W ciemnym pokoju
na stole stoi kieliszek
czerwonego wina

przez otwarte drzwi
widzę krajobraz dzieciństwa
kuchnię z niebieskim czajnikiem
serce Jezusa w cierniowej koronie
przeźroczysty cień matki

w okrągłej ciszy
pianie koguta

pierwszy grzech
czarne ziarno
w owocu
gorzkawe

pierwszy diabeł różowy
poruszający półkulami
pod jedwabną suknią
w kwiaty

uchylają się
w oświetlonym krajobrazie
trzecie drzwi
a za nimi we mgle
w głębi
trochę na lewo
albo w środku
widzę nic

1966

Tadeusz Różewicz

DOORS

A glass of red wine
stands on a table
in a dark room

through the open door
I see a landscape of childhood
a kitchen and a blue kettle
the Sacred Heart
mother's transparent shadow

the crowing cock
in a rounded silence

the first sin
a little white seed
in a green fruit soft
bitterish

the first devil is pink
and moves its hemispheres
under a spotted silk
dress

in the illumined landscape
a third door
opens
and beyond it in a mist
towards the back
a little to the left
or in the centre

I see
nothing

1966

Tadeusz Różewicz

CIERŃ

nie wierzę
nie wierzę od przebudzenia
do zaśnięcia

nie wierzę od brzegu do brzegu
mojego życia
nie wierzę tak otwarcie
głęboko
jak głęboko wierzyła
moja matka

nie wierzę
jedząc chleb
pijąc wodę
kochając ciało

nie wierzę
w jego świątyniach
kapłanach znakach

nie wierzę na ulicy miasta
na polu w deszczu
powietrzu
złocie zwiastowania

czytam jego przypowieści
proste jak kłos pszenicy
i myślę o bogu
który się nie śmiał

myślę o małym
bogu krwawiącym
w białych
chustach dzieciństwa

o cierniu który rozdziera
nasze oczy usta
teraz
i w godzinę śmierci

Tadeusz Różewicz

THORN

I don't believe
I don't believe from morning
till night

I don't believe from the one shore of my life
to the other
I don't believe
as patently deeply
as my mother
believed

I don't believe
when I eat bread
drink water
love a body

I don't believe
in his altars
signs and priests

I don't believe in town
in the field and the rain
in air
or the gold of annunciation

I read his parables
simple as an ear of corn
and think of the god
who did not laugh

I think of the tiny
god bleeding
amid white
sheets of childhood

of the thorn which tears
our eyes lips
now
and in the hour of our death

Tadeusz Różewicz

*
*   *

rzeczywistość
którą oglądałem
przez brudną szybę
w poczekalni

ujrzałem
twarzą w twarz

słaby
odwróciłem się
od mojej słabości

odwróciłem się
od złudzeń

na piaskach
moich słów
ktoś nakreślił znak
ryby
i odszedł

1969

Tadeusz Różewicz

*
* *

the reality
I had observed
through a smeared window
of a waiting room

I saw
face to face

weak
I turned away
from my weakness

I turned away
from illusions

upon the sands
of my words
someone drew the sign
of a fish
and walked away

1969

Tadeusz Różewicz

BEZ

największym wydarzeniem
w życiu człowieka
są narodziny i śmierć
Boga

ojcze Ojcze nasz
czemu
jak zły ojciec
nocą

bez znaku bez śladu
bez słowa

czemuś mnie opuścił
czemu ja opuściłem
Ciebie

życie bez boga jest możliwe
życie bez boga jest niemożliwe

przecież jako dziecko karmiłem się
Tobą
jadłem ciało
piłem krew

może opuściłeś mnie
kiedy próbowałem otworzyć
ramiona
objąć życie

lekkomyślny
rozwarłem ramiona
i wypuściłem Ciebie
a może uciekłeś
nie mogąc słuchać
mojego śmiechu

Tadeusz Różewicz

WITHOUT

the greatest events
in man's life
are the birth and death
of God

father our Father
why
like a bad father
at night

without a sign without a trace
without a word

why did you forsake me
why did I forsake
You

life without god is possible
life without god is impossible

but in childhood I fed
on You
ate flesh
drank blood

perhaps you forsook me
when I tried to open
my arms
embrace life

reckless
I spread my arms
and let You go
or perhaps You fled
unable to bear
my laugh

Tadeusz Różewicz

Ty się nie śmiejesz

a może pokarałeś mnie
małego ciemnego za upór
za pychę
za to
że próbowałem stworzyć
nowego człowieka
nowy język

opuściłeś mnie bez szumu
skrzydeł bez błyskawic
jak polna myszka
jak woda co wsiąkła w piach
zajęty roztargniony
nie zauważyłem twojej ucieczki
twojej nieobecności
w moim życiu

życie bez boga jest możliwe
życie bez boga jest niemożliwe

(marzec 1988 – marzec 1989)

Tadeusz Różewicz

You don't laugh

or perhaps You've punished me
small and dim for obstinacy
and arrogance
for trying
to create a new man
new poetry
new language

You left me without a rush
of wings without lightnings
like a field-mouse
like water drained into sand
busy distracted
I missed Your flight
Your absence
in my life

life without god is possible
life without god is impossible

March 1988 – March 1989

Tadeusz Różewicz

WIDZIAŁEM GO

spał na ławce
z głową złożoną
na plastykowej torbie

płaszcz na nim był purpurowy
podobny do starej wycieraczki

na głowie miał czapkę uszatkę
na dłoniach fioletowe rękawiczki
z których wychodził palec
wskazujący i ten drugi
(zapomniałem jak się nazywa)

zobaczyłem go w parku

między nagim drzewkiem
przywiązanym do palika
blaszaną puszką po piwie
i podpaską zawieszoną
na krzaku dzikiej róży

ubrany w trzy swetry
czarny biały i zielony
(a wszystkie straciły kolor)
spał spokojnie jak dziecko

poczułem w sercu swoim
(nie pomyślałem lecz poczułem)
że to jest Namiestnik
Jezusa na ziemi

a może sam Syn Człowieczy

chciałem go dotknąć
i zapytać
czy ty jesteś Piotr?

Tadeusz Różewicz

I HAVE SEEN HIM

he was sleeping
on a bench his head
resting on a plastic bag

his purple coat
resembled an old door-mat

he wore a cap with ear-muffs
his hands covered in violet gloves
with his index-finger
and that other finger
(whose name I forget)
sticking out

I saw him in a park
next to a bare tree
tied to a stick
an empty beer-can
and a strap
hanging from a wild rose-bush

he slept peacefully like a child
wrapped in three sweaters
in faded black, white and green

I felt in my heart
(felt not thought)
that this is Christ's
Vicar on earth
or even the Son of Man himself

Should I touch him
and ask
are you Peter?

Tadeusz Różewicz

ale ogarnęło mnie
wielkie onieśmielenie
i oniemiałem

twarz miał zanurzoną
w kłakach rudej brody

chciałem go obudzić
i spytać raz jeszcze
co to jest prawda

pochyliłem się nad nim
i poczułem zepsuty oddech
z jamy
ustnej

a jednak coś mi mówiło
że to jest Syn Człowieczy

otworzył oczy
i spojrzał na mnie

zrozumiałem że wie wszystko
odchodziłem pomieszany
oddalałem się
uciekałem

w domu umyłem ręce

Tadeusz Różewicz

but I was
overcome with great
diffidence and lost my tongue

his face was swamped
in the coils of a ginger beard

I thought of waking him
and asking again
what is truth

I bent over him
and smelt his rotten
breath

and yet something told me
he was the Son of Man

he opened his eyes
and glanced at me

I realised he knew everything

I walked away confused
distancing myself
fleeing

at home
I washed my hands

Tadeusz Różewicz

"Czas na mnie"
pamięci Konstantego Puzyny

Czas na mnie
czas nagli

co ze sobą zabrać
na tamten brzeg
nic

więc to już
wszystko
mamo

tak synku
to już wszystko

a więc to tylko tyle

tylko tyle

więc to jest całe życie

tak całe życie

1989

Tadeusz Różewicz

"my time is up. . ."
in memory of Konstanty Puzyna

my time is up
time presses

what's one to take
to the further shore
nothing

so that's
all
mummy

yes sonny
that's all

and nothing more

nothing more

so that's all of life

yes that's all

1989

Tadeusz Różewicz

*
* *

Dostojewski mówił
że gdyby mu kazano wybierać
między prawdą i Jezusem
wybrałby Jezusa

zaczynam rozumieć
Dostojewskiego

narodziny życie śmierć
zmartwychwstanie Jezusa
są wielkim skandalem
we wszechświecie

bez Jezusa
nasza mała ziemia
jest pozbawiona wagi

ten Człowiek
syn boży
jeśli umarł

zmartwychwstaje
o świcie każdego dnia
w każdym
kto go naśladuje

2003-2004

Tadeusz Różewicz

*
* *

Dostoyevsky said
if he had to choose
between truth and Jesus
he'd choose Jesus

I'm beginning to understand
Dostoyevsky

the birth life death
resurrection of Jesus
are a great scandal
in the universe

without Jesus
our little earth
lacks weight

that Man
God's son
if he died

comes alive
every day at dawn
in whoever
follows him

2003-2004

Tadeusz Różewicz

PALEC NA USTACH

usta prawdy
są zamknięte

palec na wargach
mówi nam
że przyszedł czas

na milczenie

nikt nie odpowie
na pytanie
co to jest prawda

ten co wiedział
ten co był prawdą
odszedł

FINGER ON LIPS

the mouth of truth
is closed

the finger on the lips
tells us
the time has come

for silence

no one will answer
the question
what is truth

he who knew
who was the truth
is gone

Moved by the Spirit

LEON ZDZISŁAW STROIŃSKI
(1921-1944)

Leon Zdzisław Stroiński, born in 1921 in Warsaw. In 1943, in the company of two other young writers, he was arrested by the Germans when laying a wreath "from the Polish Resistance" at the Warsaw statue of Copernicus. Released after two months, he died in action during the 1944 Warsaw Rising.

Stroiński's handful of prose poems, a significant portion of his minimal output, deal obsessively with life under the occupation. By the use of startling ramified metaphors and a juxtaposition of stark realism with grim, grotesque expressionism, he had succeeded in capturing that eerie, bizarre and dream-like atmosphere, which only those who experienced Warsaw in those days, can fully appreciate.

Leon Zdzisław Stroiński

WARSZAWA

Podczas budowania barykad Wisła pełna odbić lasów, ptaków i białych dróg wysadzonych topolami podniosła się – z początku jak mgła – potem jak sztywna okładka książki.
W jej cieniu świtaniem wychodzą stróże wielkimi, postrzępionymi miotłami zamiatać płacz, który zebrał się przez noc i zalega ulice grubą warstwą.
Już i przekupki poszerzone do granicy blasku słonecznego zachwalają kartofle wyrosłe na grobach.
A na horyzoncie ulicy poprzez huk granatów leżących w załomach bruku już od miesięcy przesuwa się dusza miasta.
Odbicie jej twarzy za trudnej do zrozumienia zostało na wykrzywionych twarzach ruin jak na chuście świętej Weroniki.
A ci, co przyjdą kiedyś-kiedyś i będą chcieli je odczytać wodząc sinymi od chłodu rękami po rysach naciągniętych jak struny i nieważnymi palcami będą potrącali jęk zaschłych w szczelinach – wybuchną modlitwą czy przekleństwem.
– Ojczyzna zbiegła się tu z wyrąbywanych lasów i wsi zmienionych w wycie psa. Trwa wzniesiona na szepcie broni maszynowej.
To tyle krwi i patosu trzeba było czekać, by z ciszy zburzonych pomników zbudować takie sklepienie nad miastem jazzu i śmierci.
Teraz lemury z gotyckich świątyń obsiadły dachy tramwajów i straszą urzędników ubezpieczalni wracających do domu.
Pod płytami trotuarów snują się umarli i tętnią w puklerze dające głuchy odgłos, a wieczorem w szpalerach szeptów chodzą pod rękę z żywymi i poznać ich można tylko po skrzydłach zręcznie złożonych, które im jednak odstają na plecach jak garby.
Ale za dnia huczą olbrzymie kamienne kołowroty i jedynie koło południa, gdy ludziska zasiądą do obiadu i robi się trochę ciszej – słychać wyraźniej ciężki miarowy stuk podkutych butów Boga.

Leon Zdzisław Stroiński

WARSAW

During the building of the barricades, the Vistula, brimming with reflections of forests, birds and white roads lined with poplars, rose, at first like a mist, then like a stiff cover of a book.
In its shade at dawn caretakers come out with huge frayed brooms to sweep up the tears which have collected during the night and lie thickly in the streets
Already, the market women, extended to the edge of the sunlight, recommend potatoes grown on graves.
And on the horizon of the street, across the roar of grenades lying in the curves of cobblestones, the soul of the city had been moving for months.
The reflections of her face, too difficult to comprehend, has left a trace on the twisted faces of ruins as on the handkerchief of St Veronica.
Those who will come in the far, far future wanting to decipher them, drawing their cold-blue hands across features taut like strings, and who with careless fingers will poke the moan of those dried up crevices –
will burst into prayer or blasphemy.
Here my country has come together from decimated forests and villages turned into a dog's howl. It persists in the roar of mechanised armour.
We had to wait through so much blood and pathos in order to build from the silence of ruined monuments such a vault over a city of jazz and death.
Now lemurs from Gothic temples are thick on roofs of trams and terrify insurance officials on their way home.
The dead wander beneath the pavements and pound on bucklers which give a hollow sound, while at evening in double rows of whispers they walk arm in arm with the living, and you can tell them apart only by the skilfully folded wings, which nevertheless stick out on their backs like humps.
But in daytime huge stone capstans hum, and only around noon, when folk sit down to lunch and it's a bit quieter, can you hear more distinctly the heavy rhythmical tread of God's steel-shod boots.

Moved by the Spirit

Tymoteusz Karpowicz
(1921-2005)

Tymoteusz Karpowicz, poet, dramatist and essayist, born in 1921 near Wilno, now Vilnius, capital of Lithuania. He left Poland in 1973 and in 1978 became professor of Polish Studies at the University of Illinois in Chicago. He died there in 2005.

"Little known before the political upheavals of 1956 in Poland, Karpowicz made his initial mark in 1957 with a slim collection of poems of breathtaking freshness and beauty. There was a new vision in them, both strange and familiar, intensely personal and universal, and quite unlike anything seen in Poland since the death of Bolesław Leśmian in 1937." (Jan Darowski)

Tymoteusz Karpowicz

KSIĘGA EKLEZJASTESA

jest czas otwarcia powiek i zamknięcia łóżka
czas nakładania koszuli i zdejmowania snu
czas śpiącego mydła i na pół rozbudzonej skóry
czas szczotki do włosów i iskier we włosach
czas nogawek czas sznurowadeł czas guzików
oczka w pończosze ślepoty pantofla
czas widelca i noża dziesięciu deka kiełbasy i gotowanego jajka
czas tramwaju czas konduktorki czas policjanta
czas dzień dobry i czas do widzenia
czas marchewki groszku i koperku
zupy pomidorowej i gołąbków z kapusty
czas zawijania knedli i rozwijania niedozwolonych szybkości myśli
czas biletu do kina albo do nikąd
może do rzeki może do obłoku
jest wreszcie czas zamknięcia powiek i otwarcia łóżka
czas przeszły teraźniejszy i przyszły
praesens historicum i plusquamperfectum
czas dokonany i niedokonany
czas od ściany do ściany

Tymoteusz Karpowicz

ECCLESIASTES

there is a time for opening the eyes and closing the bed
time for donning a shirt and shedding sleep
time for drowsy soap and half-awakened skin
time for the hair-brush and for sparks in the hair
time for trouser-legs time for shoe-laces time for buttons
for laddered stockings for the slipper's blindness
time for the fork and for the knife time for sausages and boiled eggs
time for the tram time for the conductress time for the policeman
time for good morning and time for goodbye
time for carrots peas and parsley
for tomato soup and shepherd's pie
time for trussing chicken and releasing forbidden speeds of thought
time for a cinema ticket or a ticket to nowhere
to a river perhaps perhaps to a cloud
there is finally a time of closed eyelids and the open bed
time of past present and future
praesens historicum and *plusquamperfectum*
time perfect and imperfect
time from wall to wall

WISŁAWA SZYMBORSKA
(b.1923)

Wisława Szymborska, poet, born in 1923 in Bnin in Western Poland. "Szymborska is a sensitive, highly sophisticated and complex poet who 'borrows words weighed down with pathos, and then tries hard to make them appear light'. She likes to assume a *persona* of keen and ironic observer and to couch her observations in almost anthropological terms". (Bogdan Czaykowski)

She demonstrates a Browningian skill in assuming a variety of voices, ranging from that of an extra-terrestial to that of a dog or a modern terrorist.

Szymborska was awarded the Nobel Prize in 1996.

Wisława Szymborska

ŻONA LOTA

Obejrzałam się podobno z ciekawości.
Ale prócz ciekawości mogłam mieć inne powody.
Obejrzałam się z żalu za miską ze srebra.
Przez nieuwagę – wiążąc rzemyk u sandała.
Aby nie patrzeć dłużej na sprawiedliwy kark
męża mojego, Lota.
Z nagłej pewności, że gdybym umarła,
nawet by nie przystanął.
Z nieposłuszeństwa pokornych.
W nasłuchiwaniu pogoni.
Tknięta ciszą, w nadziei, że Bóg się rozmyślił.
Dwie nasze córki znikały już za szczytem wzgórza.
Poczułam w sobie starość. Oddalenie.
Czczość wędrowania. Senność.
Obejrzałam się kładąc na ziemi tobołek.
Obejrzałam się z trwogi, gdzie uczynić krok.
Na mojej ścieżce zjawiły się węże,
pająki, myszy polne i pisklęta sępów.
Już ani dobre, ani złe – po prostu wszystko, co żyło,
pełzało i skakało w gromadnym popłochu.
Obejrzałam się z osamotnienia.
Ze wstydu, że uciekam chyłkiem.
Z chęci krzyku, powrotu.
Albo wtedy dopiero, gdy zerwał się wiatr,
rozwiązał włosy moje i suknię zadarł do góry.
Miałam wrażenie, że widzą to z murów Sodomy
i wybuchają gromkim śmiechem, raz i jeszcze raz.
Obejrzałam się z gniewu.
Aby nasycić się ich wielką zgubą.
Obejrzałam się z wszystkich podanych wyżej powodów.
Obejrzałam się bez własnej woli.
To tylko głaz obrócił się, warcząc pode mną.
To szczelina raptownie odcięła mi drogę.
Na brzegu dreptał chomik wspięty na dwóch łapkach.
I wówczas to oboje spojrzeliśmy wstecz.

Wisława Szymborska

LOT'S WIFE

I looked back supposedly curious.
But besides curiosity I might have had other reasons.
I looked back regretting the silver dish.
Through carelessness – tying a sandal strap.
In order not to keep staring at the righteous nape
of my husband, Lot.
Because of sudden conviction that had I died
he wouldn't have stopped.
Being humble yet obedient.
Listening for pursuers.
Touched with silence, hoping God had changed his mind.
Our two daughters were already disappearing beyond the hilltop.
I felt my age. Distance,
futility of wandering. Drowsiness.
I looked back when setting down the bundle.
I looked back in terror where to step next.
My path suddenly teeming with snakes,
spiders, field mice and baby vultures.
Now neither good nor evil – just everything living
crawled and hopped in crowded panic.
I looked back in desolation.
Ashamed of running away in stealth.
Wanting to scream, to turn back.
Or only when a gust of wind
untied my hair and lifted up my skirts.
I had a feeling they were watching from the walls of Sodom
with bursts of hearty laughter again and again.
I looked back in anger.
To savour their perdition.
I looked back for all the above reasons.
It was only a rock slipping, growling beneath me.
It was a crevice suddenly cut my way off.
A hamster trotted on the edge on two paws
and then it was we both looked back.

Wisława Szymborska

Nie, nie. Ja biegłam dalej,
czołgałam się i wzlatywałam,
dopóki ciemność nie runęła z nieba,
a z nią gorący żwir i martwe ptaki.
Z braku tchu wielokrotnie okręcałam się.
Kto mógłby to zobaczyć, myślałby, że tańczę.
Nie wykluczone, że oczy miałam otwarte.
Możliwe, że upadłam twarzą zwróconą ku miastu.

Wisława Szymborska

No, no. I ran on,
I crawled and I soared
until darkness crashed from heaven
and with it hot gravel and dead birds.
Losing breath I often swerved.
If anyone saw me, would have thought I was dancing.
Conceivably, my eyes were open.
Possibly I fell facing the city.

Wisława Szymborska

JARMARK CUDÓW

Cud pospolity:
to, że dzieje się wiele cudów pospolitych.

Cud zwykły:
w ciszy nocnej szczekanie
niewidzialnych psów.

Cud jeden z wielu:
chmurka zwiewna i mała,
a potrafi zasłonić duży ciężki księżyc.

Kilka cudów w jednym:
olcha w wodzie odbita
i to, że odwrócona ze strony lewej na prawą,
i to, że rośnie tam koroną w dół
i wcale dna nie sięga,
choć woda jest płytka.

Cud na porządku dziennym:
wiatry dość słabe i umiarkowane,
w czasie burz porywiste.

Cud pierwszy lepszy:
krowy są krowami.

Drugi nie gorszy:
ten a nie inny sad
z tej a nie innej pestki.

Cud bez czarnego fraka i cylindra:
rozfruwające się białe gołębie.

Cud, no bo jak to nazwać:
słońce dziś wzeszło o trzeciej czternaście
a zajdzie o dwudziestej zero jeden.

Wisława Szymborska

MIRACLE MART

Common miracle:
the happening of many common miracles.

Ordinary miracle:
invisible dogs barking
in the silence of the night.

A miracle among many:
a tiny ethereal cloud
able to cover a large heavy moon.

Several miracles in one:
an alder reflected in water
moreover turned from left to right
moreover growing crown downwards
yet nor reaching the bottom
though the waters are shallow.

An everyday miracle:
soft gentle breezes
gusting during storms.

Any old miracle:
cows are cows.

And another like it:
just this particular orchard
from just this pip.

Miracles without frock coat or top hat:
a scattering of white doves.

Miracle – what else would you call it:
today the sun rose at 3.14
and will set at 20.01.

Wisława Szymborska

Cud, który nie tak dziwi, jak powinien:
palców u dłoni wprawdzie mniej niż sześć,
za to więcej niż cztery.

Cud, tylko się rozejrzeć:
wszechobecny świat.

Cud dodatkowy, jak dodatkowe jest wszystko:
co nie do pomyślenia
jest do pomyślenia.

Wisława Szymborska

Miracle which doesn't sufficiently amaze:
though the hand has fewer than six fingers
yet it has more than four.

Miracle – just look round:
the world ever-present.

An extra miracle, just as everything is extra:
what is unthinkable
is thinkable.

Wisława Szymborska

NA WIEŻY BABEL

– *Która godzina?* – Tak, jestem szczęśliwa,
i brak mi tylko dzwoneczka u szyi,
który by brzęczał nad tobą, gdy śpisz.
– *Więc nie słyszałaś burzy?* – Murem targnął wiatr,
*wieża ziewnęła jak lew, wielką bramą
na skrzypiących zawiasach.* – Jak to, zapomniałeś?
Miałam na sobie zwykłą szarą suknię
spinaną na ramieniu. – *I natychmiast potem
niebo pękło w stublysku.* – Jakże mogłam wejść,
przecież nie byłeś sam. – *Ujrzałam nagle
kolory sprzed istnienia wzroku.* – Szkoda,
że nie możesz mi przyrzec. – *Masz słuszność,
widocznie to był sen.* – Dlaczego kłamiesz,
dlaczego mówisz do mnie jej imieniem,
kochasz ją jeszcze? – *O tak, chciałbym,
żebyś została ze mną.* – Nie mam żalu,
powinnam była domyślić się tego.
– *Wciąż myślisz o nim?* – Ależ ja nie płaczę.
– *I to już wszystko?* – Nikogo jak ciebie.
– *Przynajmniej jesteś szczera.* – Bądź spokojny,
wyjadę z tego miasta. – *Bądź spokojna,
odejdę stąd.* – Masz takie piękne ręce.
– *To stare dzieje, ostrze przeszło
nie naruszając kości.* – Nie ma za co,
mój drogi, nie ma za co. – *Nie wiem
i nie chcę wiedzieć, która to godzina.*

Wisława Szymborska

ON THE TOWER OF BABEL

What time is it? – Yes, I'm happy
and all I need is a bell round my neck
to tinkle over you when you sleep.
– *Didn't you hear the storm, then?*
The wind shook the walls; like a lion,
the tower yawned with its huge gate
on a groaning hinge. – Don't you remember?
I wore a plain dark dress
clasped over the shoulder. – *And immediately*
the sky splintered in manifold blasts.
– How could I have entered, you
weren't alone. – *Suddenly I saw*
colours that predated sight. – Pity
you can't promise. – *You're right,*
must have been a dream. -Why do you lie,
why do you call me by her name,
do you love her still? – *Oh yes, I'd like you*
to stay with me. – I'm not bitter,
I should have guessed.
– *You keep thinking of him?* – But I'm not crying
– *And is that all?* – No one but you.
– *At least you're honest.* – Don't worry,
I'll be leaving town. *Don't worry,*
I'll go away. – Your hands so beautiful.
– *That's an old story, the blade cut through*
but left the bones intact. No need to,
really, my dear, no need. – *I have no idea*
of the time, and I don't wish to have.

ZBIGNIEW HERBERT
(1924-1998)

Zbigniew Herbert, poet, essayist and dramatist, born in 1924 in Lwów (now Lviv in the Ukraine). He fought in the Resistance and after the war gained qualifications in law, commerce and philosophy, but because of his steadfast opposition to communism, during the Stalinist years was obliged to take on various undistinguished jobs, and his first volume of poetry wasn't published until the 1956 liberalisation. Spent much time abroad in Italy, France, Britain and The United States. Died in Warsaw in 1998.

Herbert uses the heritage of Western history, culture and religion in a dynamic, dialectical way, so that, for example, he hints at parallels between the cruelties of Tiberius and Stalin's totalitarian barbarism. His tools are irony and cool detachment.

Zbigniew Herbert

SPRAWOZDANIE Z RAJU

W raju tydzień pracy trwa trzydzieści godzin
pensje są wyższe ceny stale zniżkują
praca fizyczna nie męczy (w skutek mniejszego przyciągania)
rąbanie drzewa to tyle co pisanie na maszynie
ustrój społeczny jest trwały a rządy rozumne
naprawdę w raju jest lepiej niż w jakimkolwiek kraju

Na początku miało być inaczej –
świetliste kręgi chóry i stopnie abstrakcji
ale nie udało się oddzielić dokładnie
ciała od duszy i przychodziła tutaj
z kroplą sadła nitką mięśni
trzeba było wyciągnąć wnioski
zmieszać ziarno absolutu z ziarnem gliny
jeszcze jedno odstępstwo od doktryny ostatnie odstępstwo
tylko Jan to przewidział: zmartwychwstaniecie ciałem

Boga oglądają nieliczni
jest tylko dla tych z czystej pneumy
reszta słucha komunikatów o cudach i potopach
z czasem wszyscy będą oglądali Boga
kiedy to nastąpi nikt nie wie

Na razie w sobotę o dwunastej w południe
syreny ryczą słodko
i z fabryk wychodzą niebiescy proletariusze
pod pachą niosą niezgrabnie swe skrzydła jak skrzypce

Zbigniew Herbert

REPORT FROM PARADISE

In paradise a working week lasts thirty hours
wages are higher prices fall
physical toil does not tire (due to weaker gravity)
wood-chopping is no worse than typing
the social structure is stable and those in authority wise
honestly in paradise things are better than anywhere

At first it was to be different –
luminous circles choirs stages of abstraction
but it proved impossible to divide exactly
body from soul which would arrive here
trailing a drop of fat a thread of muscle
the conclusion had to be drawn
a grain of the absolute had to be mixed with a grain of clay
one more departure from doctrine the last departure
John alone had foreseen this: ye shall rise in the flesh

Only a few behold God
He is for those of pure pneuma
the rest listen to communiques about miracles and floods
in time all shall behold God
when this will be no one knows

Meanwhile on Saturdays at noon
sirens bray sweetly
heavenly proletarians emerge from factories
carrying their wings like violins clumsily under their arms

Zbigniew Herbert

CO MYŚLI PAN COGITO O PIEKLE

Najniższy krąg piekła. Wbrew powszechnej opinii nie zamieszkują go ani despoci, ani matkobójcy, ani także ci, którzy chodzą za ciałem innych. Jest to azyl artystów pełen luster, instrumentów i obrazów. Na pierwszy rzut oka najbardziej komfortowy oddział infernalny, bez smoły, ognia i tortur fizycznych. Cały rok odbywają się tu konkursy, festiwale i koncerty. Nie ma pełni sezonu. Pełnia jest permanentna i niemal absolutna. Co kwartał powstają nowe kierunki i nic, jak się zdaje, nie jest w stanie zahamować tryumfalnego pochodu awangardy. Belzebub kocha sztukę. Chełpi się, że jego chóry, jego poeci i jego malarze przewyższają już prawie niebieskich. Kto ma lepszą sztukę, ma lepszy rząd – to jasne. Niedługo będą się mogli zmierzyć na Festiwalu Dwu Światów. I wtedy zobaczymy, co zostanie z Dantego, Fra Angelico i Bacha. Belzebub popiera sztukę. Zapewnia swym artystom spokój, dobre wyżywienie i absolutną izolację od piekielnego życia.

Zbigniew Herbert

PAN COGITO'S THOUGHTS ON HELL

Contrary to popular belief, the lowest circle of hell is not inhabited either by despots, matricides or those who are seekers after flesh. It is a refuge for artists, full of mirrors, pictures and instruments. To a casual observer, the most comfortable infernal department without brimstone, tar or physical torture.

All the year round there are competitions, festivals and concerts. There is no high season. The season is permanent and almost absolute. Every quarter a new Movement springs up and nothing, it appears, can arrest the triumphal procession of the Avantgarde.

Beelzebub loves art. He boasts that his choirs, poets and painters almost outstrip the celestials. Better art means better government — that's obvious. Soon they will be able to test their strengths at the Two Worlds Festival. Then we'll see if Dante, Fra Angelico and Bach make the grade.

Beelzebub supports art. His artists are guaranteed peace, good food and total isolation from infernal life.

Zbigniew Herbert

U WRÓT DOLINY

Po deszczu gwiazd
na łące popiołów
zebrali się wszyscy pod strażą aniołów

z ocalonego wzgórza
można objąć okiem
całe beczące stado dwunogów

naprawdę jest ich niewielu
doliczając nawet tych którzy przyjdą
z kronik bajek i żywotów świętych

ale dość tych rozważań
przenieśmy się wzrokiem
do gardła doliny
z którego dobywa się krzyk

po świście eksplozji
po świście ciszy
z którego dobywa się krzyk

jest to jak nam wyjaśniają
krzyk matek od których odłączają dzieci
gdyż jak się okazuje
będziemy zbawieni pojedynczo

aniołowie stróże są bezwzględni
i trzeba przyznać mają ciężką robotę

ona prosi
– schowaj mnie w oku
w dłoni w ramionach zawsze byliśmy razem
nie możesz mnie teraz opuścić
kiedy umarłam i potrzebuję czułości

starszy anioł
z uśmiechem tłumaczy nieporozumienie

Zbigniew Herbert

AT THE GATES OF THE VALLEY

After the rain of stars
on a meadow of ash
all were gathered guarded by angels

from a surviving hill
the eye surveys
the whole bleating biped herd

there really aren't many
even if you add those to come
from tales chronicles and lives of saints

but enough of these musings
let us turn our gaze
to the valley's throat
from which a cry rises

after the whistling of the explosion
after the whistling of the silence
this voice wells up like a spring of living water

it is so they explain to us
the cry of mothers separated from their children
for it appears
we shall be saved singly

the guardian angels are ruthless
and admittedly have a tough job

she begs
– hide me in your eye
in your palm in your arms
we have always been together
you can't leave me
now that I'm dead and need cherishing

Zbigniew Herbert

staruszka niesie
zwłoki kanarka
(wszystkie zwierzęta umarły trochę wcześniej)
był taki miły – mówi z płaczem
 – wszystko rozumiał
kiedy powiedziałam –
głos jej ginie wśród ogólnego wrzasku

nawet drwal
którego trudno posądzić o takie rzeczy
stare zgarbione chłopisko
przyciska siekierę do piersi
 – całe życie była moja
teraz też będzie moja
żywiła mnie tam
wyżywi tu

nikt nie ma prawa
 – powiada –
nie oddam

ci którzy jaki się zdaje
bez bólu poddali się rozkazom
idą spuściwszy głowy na znak pojednania
ale w zaciśniętych pięściach chowają
strzępy listów wstążki włosy ucięte
i fotografie
które jak sądzą naiwnie
nie zostaną im odebrane

tak to oni wyglądają
na moment
przed ostatecznym podziałem
na zgrzytających zębami
i śpiewających psalmy

Zbigniew Herbert

a senior angel
explains the misunderstanding with a smile

the old dear carries
the body of a canary
(all animals died a little earlier)
he was so sweet – she says weeping
understood everything
when I said –
her voice drowning in the general din

even a woodcutter
whom you wouldn't suspect of such things
a giant gnarled fellow
pressed an axe to his chest
 – mine she was all my life
mine she will stay
she fed me there
she'll feed me here
no one has any right
 – he says –
I won't let her go

those who it seems
have submitted to orders without pain
walk heads bowed in submission
but their tight fists hide
scraps of letters ribbons locks of hair
and photographs
which they naively think
will not be taken from them

that is how they appear
a moment
before the final division
into those gnashing their teeth
and those chanting psalms

Zbigniew Herbert

DAWNI MISTRZOWIE

Dawni Mistrzowie
obywali się bez imion

ich sygnaturą były
białe palce Madonny

albo różowe wieże
di citta sul mare

a także sceny z życia
della Beata Umilita

roztapiali się
w *sogno*
miracolo
crocifissione

znajdowali schronienie
pod powieką aniołów
za pagórkami obłoków
w gęstej trawie raju

tonęli bez reszty
w złotych nieboskłonach
bez krzyku przerażenia
bez wołania o pamięć

powierzchnie ich obrazów
są gładkie jak lustro
nie są to lustra dla nas
są to lustra wybranych

    wzywam was Starzy Mistrzowie
    w ciężkich chwilach zwątpienia

    sprawcie niech spadnie ze mnie
    wężowa łuska pychy

Zbigniew Herbert

OLD MASTERS

The Old Masters
dispensed with names

their signatures
were the white fingers of the Madonna

or pink towers
di citta sul mare

and also scenes from the life
della Beata Umilità

they dissolved
in sogno
miracolo
crocifissione

they found refuge
under an angel's eyelid
behind hillocks of clouds
in the thick grasses of paradise

they drowned totally
in golden sunsets
without cries of terror
or pleas for remembrance

the surfaces of their paintings
are smooth like mirrors
mirrors not for us
mirrors for the elect

        I call upon you Old Masters
        in moments of deep despair

        cause me to shed
        the snake-skin of pride

Zbigniew Herbert

niechaj zostanę głuchy
na pokuszenie sławy

wzywam was Dawni Mistrzowie

Malarzu Deszczu Manny
Malarzu Drzew Haftowanych
Malarzu Nawiedzenia
Malarzu Świętej Krwi

Zbigniew Herbert

may I remain deaf
to temptations of fame

I call upon you Old Masters

Painter of Manna Rain
Painter of Embroidered Towers
Painter of the Visitation
Painter of the Sacred Blood

Zbigniew Herbert

MODLITWA PANA COGITO – PODRÓŻNIKA

Panie
dziękuję Ci że stworzyłeś świat piękny i bardzo różny

a także za to że pozwoliłeś mi w niewyczerpanej dobroci Twojej być w miejscach które nie były miejscami mojej codziennej udręki

– że nocą w Tarkwini leżałem na placu przy studni i spiż rozkołysany obwieszczał z wieży Twój gniew lub wybaczenie

a mały osioł na wyspie Korkyra śpiewał mi ze swoich niepojętych miechów płuc melancholię krajobrazu

i w brzydkim mieście Manchester odkryłem ludzi dobrych i rozumnych

natura powtarzała swoje mądre tautologie: las był lasem morze morzem skała skałą

gwiazdy krążyły i było jak być powinno – *Jovis omnia plena*

– wybacz – że myślałem tylko o sobie gdy życie innych okrutnie nieodwracalne krążyło wokół mnie jak wielki astrologiczny zegar u świętego Piotra w Beauvais

że byłem leniwy roztargniony zbyt ostrożny w labiryntach i grotach

a także wybacz że nie walczyłem jak lord Byron o szczęście ludów podbitych i oglądałem tylko wschody księżyca i muzea

– dziękuję Ci że dzieła stworzone ku chwale Twojej udzieliły mi cząstki swojej tajemnicy i w wielkiej zarozumiałości pomyślałem że Duccio van Eyck Belllini malowali także dla mnie

Zbigniew Herbert

PRAYER OF PAN COGITO – TRAVELLER

Lord

thank you for creating a world beautiful and so varied

and also for allowing me in your inexhaustible goodness
to visit places which were not the scene of my daily torments

– for lying at night near a well in a square in Tarquinia while the swaying
bronze declared from the tower your wrath and forgiveness

and a little donkey on the island of Corcyra sang to me from
its incredible bellowing lungs the landscape's melancholy

and in the very ugly city of Manchester I came across
very good and sensible people

nature reiterated her wise tautologies the forest was
forest the sea was sea and rock was rock

stars orbited and things were as they should be – *Jovis omnia plena*

– forgive me for thinking only of myself when the life of others
cruel and irreversible turned round me like the huge
astrological clock in the church at Beauvais

for being too cowardly and stupid because I did not understand
so many things

and also forgive me for not fighting for the happiness of poor and
vanquished
nations for seeing only moonrise and museums
– thank you for the work created to glorify you
which have shared with me part of their mystery so that in gross conceit

Zbigniew Herbert

a także Akropol którego nigdy nie zrozumiałem do końca cierpliwie odkrywał przede mną okaleczone ciało

– proszę Cię żebyś wynagrodził siwego staruszka który nie proszony przyniósł mi owoce ze swego ogrodu na spalonej słońcem ojczystej wyspie syna Laertesa

a także Miss Helen z mglistej wysepki Mull na Hebrydach za to że przyjęła mnie po grecku i prosiła żebym nocy zostawił w oknie wychodzącym na Holy Iona zapaloną lampę aby światła ziemi pozdrawiały się

a także tych wszystkich którzy wskazywali mi drogę i mówili *kato kyrie kato*

i żebyś miał w swej opiece Mamę ze Spoleto Spiridona z Paxos dobrego studenta z Berlina który wybawił mnie z opresji a potem nieoczekiwanie spotkany w Arizonie wiózł mnie do Wielkiego Kanionu który jest jak sto tysięcy katedr zwróconych głową w dół

– pozwól o Panie abym nie myślał o moich wodnistookich szarych niemądrych prześladowcach kiedy słońce schodzi w morze jońskie prawdziwie nieopisane

żebym rozumiał innych ludzi inne języki inne cierpienia

a nade wszystko żebym był pokorny to znaczy ten który pragnie źródła

dziękuję Ci Panie że stworzyłeś świat piękny i różny

a jeśli jest to Twoje uwodzenie jestem uwiedziony na zawsze i bez wybaczenia

Zbigniew Herbert

I concluded that Duccio Van Eyck Bellini painted for me too

and likewise the Acropolis which I had never fully understood
patiently revealed to me its mutilated flesh

— I pray that you do not forget to reward the white-haired old man
who brought me fruit from his garden in the bay
of the Island of Ithaca

and also the teacher Miss Hellen on the Isle of Mull
whose hospitality was Greek or Christian and who ordered light
to be placed in the window facing Holy Iona so that
human lights might greet one another
and furthermore all those who had shown me the way and said
kato kyrie kato
and that you should have in your care the mother from Spoleto
Spiridion from Paxos and the good student from Berlin
who got me out of a tight spot and later, when I unexpectedly
ran into him in Arizona, drove me to Grand Canyon
which is like a hundred thousand cathedrals standing on their heads

— grant O Lord that I may forget my foolish and very weary persecutors
when the sun sets into the vast uncharted Ionian Sea.

that I may comprehend other men other tongues other suffering
and that I be not stubborn because my limitations are
without limit

and above all that I be humble, that is, one who sees
one who drinks at the spring

thank you O Lord for creating a world very beautiful and varied

and if this is Your temptation I am tempted for ever
and without forgiveness

Zbigniew Herbert

MĘCZEŃSTWO PANA NASZEGO MALOWANE PRZEZ ANONIMA W KRĘGU MISTRZÓW NADREŃSKICH

Gęby mają szpetne, a ręce sprawne, przywykłe do młota i gwoździa, żelazai drzewa. Właśnie przybijają Jezusa Chrystusa Pana Naszego do krzyża. Roboty huk, spieszyć się trzeba, żeby na południe wszystko było gotowe. Rycerze na koniach – dekoracje dramatu. Twarze obojętne. Długie lance imitują drzewa bez gałęzi na tym wzgórzu bez drzew.

Dobrzy rzemieślnicy przybijają – jak się rzekło – Pana Naszego do krzyża. Sznury, gwoździe, kamień do ostrzenia narzędzi ułożone są porządnie na piasku. Krzątanina, ale bez zbytecznej nerwowości.

Piasek jest ciepły, malowany dokładnie ziarnko po ziarnku. Gdzieniegdzie kępka wyprężonych sztywno traw i radująca oko niewinnie biała stokrótka.

Zbigniew Herbert

THE PASSION OF OUR LORD PAINTED BY AN ANONYMOUS HAND FROM THE CIRCLE OF RHENISH MASTERS

They have coarse features, their hands are deft and accustomed to a hammer and nails, to wood and iron. Just now they are nailing to the cross Jesus Christ Our Lord. There's lots to be done, they must hurry to get things ready by noon.

Knights on horseback – they are the props of this drama. Impassive faces. Long lances imitate trees without branches on this hillock without trees.

As we said, the fine craftsmen are nailing Our Lord to the cross. Ropes, nails, and a stone for sharpening the tools, are ranged neatly on the sand. There's a hum of activity, but without undue excitement.

The sand is warm, each grain painstakingly depicted. Here and there a tuft of stiffly erect grass and a marguerite innocently white cheering the eye.

Zbigniew Herbert

PRÓBA ROZWIĄZANIA MITOLOGII

Bogowie zebrali się w baraku na przedmieściu. Zeus mówił jak zwykle długo i nudnie. Wniosek końcowy: organizację trzeba rozwiązać, dość bezsensownej konspiracji, należy wejść w to racjonalne społeczeństwo i jakoś przeżyć. Atena chlipała w kącie.

Uczciwie – trzeba to podkreślić – podzielono ostatnie dochody. Posejdon był nastawiony optymistycznie. Głośno ryczał, że da sobie radę. Najgorzej czuli się opiekunowie uregulowanych strumieni i wyciętych lasów. Po cichu wszyscy liczyli na sny, ale nikt o tym nie chciał mówić.

Żadnych wniosków nie było. Hermes wstrzymał się od głosowania. Atena chlipała w kącie.

Wracali do miasta późnym wieczorem, z fałszywymi dokumentami w kieszeni i garścią miedziaków. Kiedy przechodzili most, Hermes skoczył do rzeki. Widzieli, jak tonął, ale nikt go nie ratował.

Zdania były podzielone; czy był to zły, czy, przeciwnie, dobry znak. W każdym razie był to punkt wyjścia do czegoś nowego, niejasnego.

Zbigniew Herbert

AN ATTEMPT TO DISSOLVE MYTHOLOGY

The gods met in a hut on the outskirts. As usual, Zeus made a long boring speech. The ultimate decision: disband the organisation, enough of senseless conspiracy, we have to infiltrate this rational society and survive somehow. Athene was slobbering in the corner.

The final profits were – and this must be stressed – shared out scrupulously. Poseidon displayed optimism. He roared loudly that he'll manage alright. The guardians of navigable streams and forest clearings felt worst. Privately, they all counted on dreams but no one wished to raise the subject.

No motions were passed. Athene slobbered in the corner. Hermes abstained from voting.

In the late evening they were returning to the city with forged papers in their pockets and handfuls of coppers. As they crossed a bridge, Hermes jumped into the river. They watched him drown, no one tried to save him.

Opinions were divided as to whether this was a good or a bad omen. At any rate it was a starting point towards something new but uncertain.

Moved by the Spirit

JAN DAROWSKI
(1926-2008)

Jan Darowski was born in 1926 in Silesia and attended a printing college in Katowice. In 1944 he was press-ganged into the Wehrmacht. During the Normandy campaign managed to cross to the Allied side where he joined the Polish Armoured Division. After the war settled in London, where he divided his working years between the Polish Poets' & Printers' Press and a British firm designing ballistic missiles. He died in 2008 after a long series of serious illnesses.

Bogdan Czaykowski described his poetry as "witty and often angry reflections upon various aspects of modern society and civilisation". The same could be said of his trenchant and highly polemical essays.

Jan Darowski

POST-MORTEM

Z gwiazdą Dawida zeszli pod naszą ziemię,
zatruli powietrze dwutlenkiem śmiertelnych Psalmów
musimy się dusić, my, mordu świadkowie,
za drugą rączkę z katem iść pochyleni w dziejach.

Nie pomoże alkohol. Na powierzchnię wypływa
oleistą purpurą nasza hipokryzja.
Nie pomogą pomniki i fakt żeśmy bezbronni
byli jak oni. Nie wszystkich smucił miecz
rozcinający węzeł gordyjski dla nas,
rozcinający dwa życia narodu.
Nie pomoże alkohol, Lete tchórzów i głupców.

Morderca może w białych rękawiczkach
podawać rękę tym co ocaleli.
Może powiedzieć, patrz moja prawica
czysta jest, nie wiedziała
co druga ręka czyni.

A zamyślony hura-chrześcijanin,
strząsając popiół cygara w Atlantyk,
rzec może, owszem, napis był i ręka,
ale nie miałem z sobą okularów.

Ale my w spisku byliśmy najstarsi,
nawet milczeniem nie zobowiązani,
jedliśmy chleb wspólny, z tej samej skały
pili, ich ręce dotykały nas,
bezkrwiste ręce biblijnych krawców –
....
Te same ręce są wiatrem za szybą
szarpią czerwony wstyd wieńca
         szarpią pamięć

Jan Darowski

POST-MORTEM

With the star of David they vanished beneath our earth,
they poisoned the air with dioxide of deadly psalms –
we too must suffocate, we, the murder's witnesses,
and with the torturer hand in hand march bowed through history.

Alcohol will not help. Our oily purple
hypocrisy floats to the surface.
Monuments are no use, no use saying we were like them
defenceless. Not everyone regretted
the sword cutting our Gordian knot,
cutting the nation's twin life.
Alcohol's no use – Lethe of cowards and fools.

The killer may offer his white-gloved
hand to those that suffered,
may say – look, my right hand
is clean and unaware
of what the other hand did.

While a Christian bigot, lost in thought,
dropping cigar ash into the Atlantic,
may say – true, the inscription was there
and so was my hand,
but I had left my glasses behind.

In this conspiracy we were the oldest,
not bound by silence even,
we ate common bread, drank
from self-same rock, their hands touched us,
the blood-drained hands of biblical tailors –
. . . .
Those same hands are wind against the pane
shake the wreath's red shame
                shake the memory.

Moved by the Spirit

BOGDAN CZAYKOWSKI
(1932-2007)

Bogdan Czaykowski, poet, critic and translator of Polish and of English language poetry. Born in 1932 in Równe, now in the Ukraine. With his family deported to the Soviet Union in 1940, where only he and his mother survived. Reached Britain in 1948 via Iran and India. Settled in Vancouver in Canada as professor of Slavic Studies, where he died in 2007.

"His poetry with its rich, exotic imagery and its profound faith in Nature and Man, stands alone and somewhat apart from current fashions. It is the most musical poetry written in the Polish language today." (Jan Darowski)

Bogdan Czaykowski

OGRÓD

matce

Tu, w tym ogrodzie jest na pewno człowiek,
Lecz widać tylko wiele oczu, a nic ciała.
Tu, w tym ogrodzie może jest kobieta:
Wśród połyskliwych liści leży pierś dojrzała.
A w szmerze jest słuch dziecka – jakby powój
Pnący się na łodygi słoneczników.
Chyłkiem rozgarniam trawy u stóp czyjichś,
Lecz brak mi wciąż odwagi podnieść oczy:
Przede mną stoi nagość – jak tu pięknie!
Ogród zielonym półkolem wziął mnie w cichy nawias
I bananowym liściem zakrył jasną wypukłość.
Nie trudzę zbytnio wzroku i tylko potrącam
Cięciwę półksiężyca – arbitralną linię.
I tak mi dobrze z moją konstrukcją w błękicie,
Że lekkość myśli wznosi wzwyż dali kopułę,
Wyodrębniając jasny obręb horyzontu.
W ogrodzie tym na pewno jest kobieta:
Oto się białe ramię przytula do jabłoni,
Gdy górą fragment twarzy wciąż szuka dopełnienia,
A nagi tors mężczyzny wynurza się z jaśminu.
Szelesty w taflach liści i liście liście liście
Szelesty rozniecają w wysmukły kształt płomienia
Zielone iskry pąków. I zieleń płonie traw.
Skoczyła noc na księżyc. Pod gwiazdą usnął paw.
Wiatr zgarnia rdzawe srebro. Nad wodą palma kwili.
Z łupiny kokosowej pije mleko kobieta,
Która tu jest na pewno. Jej ciało to wyzłaca
Niezastąpione słońce, a później chłód wygładza
I rzuca na ramiona w półmroku ciepłe włosy.
Więc teraz się przybliżę.
                Po liściu mrok się stacza
I gdzieś tu bywał człowiek – tu wklęsłość miał na biodro.
Gdzieś teraz po jeziorze gna zmarszczka wody liście.

Bogdan Czaykowski

GARDEN
(for my mother)

Here, in this garden, there certainly is a man.
But though many eyes are seen, they lack embodiment.
Here, in this garden, perhaps there is a woman:
A ripe breast lies amid glittering leaves.
In the rustling sound there is a child's hearing –
Like a convolvulus climbing over stems of sunflowers.
Stealthily I brush aside grasses at someone's feet,
But still lack courage to raise my eyes:
There stands a nakedness and everything is beautiful.
The garden's green arc took me into a quiet parenthesis
And covered the bright swelling with a banana leaf.
I rest my eyes and merely pluck
The crescent moon's bow-string – an arbitrary line.
I feel so satisfied with my construction in the blue
That the lightness of thought lifts the dome of distance,
Distinguishing a brilliant compass of the sky.
In this garden there certainly is a woman:
A white arm reclines upon an apple-tree,
While above, a fragmentary face still seeks completion
And a man's naked torso emerges amid jasmine flowers.
Rustling in layers of leaves and leaves leaves leaves,
Rustling which kindles into a tall shape of flame
Green sparks of buds. The greenery of grass burns,
Night springs at the moon. A peacock slumbers beneath a star,
The wind gathers rusty silver. A palm whimpers over the wastes.
From a coconut shell a woman who certainly is here
Drinks milk. Her body is gilded
By the irreplaceable sun, then twilight chill combs
And heaps warm hair over her shoulder.
So now I will come closer.

      Darkness rolls down the leaf.
Here was man – here is the space for a hip
Where now a furrowing wave chases leaves across a lake.

Bogdan Czaykowski

I pewnie te oliwki brał w usta, w które spływa
Od dawna słona kropla – co z czoła się poczęła –
Gorąca kropla potu.
  Więc teraz się oddalę,
By zmierzyć cień kaktusa długością mego snu.
Quieta non movere. Niech mrówki doją mszyce.
Siekiera trzebi ogród. Lecz ciągle płonie zieleń.
I najpiękniejsze z cisz wciąż kryją się w ogrodzie,
Który się kiedyś zwało – i pięknie – wirydarzem
Lub rajem, utraconym, który tu opisałem,
Z pamięci.

Bogdan Czaykowski

He probably placed these olives in that mouth into which flows
A briny drop – on his brow conceived –
A warm drop of sweat.

So I will now retreat
To measure the cactus shadow with the length of my sleep.
Quieta non movere. Let ants milk greenfly.
An axe clears the garden. But the greenery still burns
And enchanting silences yet haunt the garden
Which once was called – and rightly so – *hortus conclusus*
Or paradise, lost, which here I have described
From memory.

Bogdan Czaykowski

MEDYTACJA

Jednak rzeczy tego wszechświata nie są aż tak proste.
W końcu z nieprzeliczonej mnogości słów
da się wybrać trochę mówiących
prawdę, czyli nie co na pewno jest,
lecz co być może, być może.

Więc może być, że wszechświat,
ten newtonowski, jak i meta-einsteinowski,
jest bez-boski, co znaczy, albo
że odległość nasza od jego pryncypium
jest nieprzekraczalnie wielka,
lub, że poza wszechświatem nie ma
dosłownie Nic, choć my jesteśmy,
i nasz czas jest, jak w bańce oceanu,
i kiedyś pryśnie.

Trudno mieć taką *niewiarę*. Ale trudno również
mnożyć pryncypia pryncypiów w nieskończoność.
Katastrofo mojej myśli!
Jakże śmiem wzywać cię, podnosić na krzyżu!
Gdybym, uwierzywszy w swoje synostwo,
dowiódł tego aż po własną śmierć,
gdybym jeszcze zmartwychwstał na trzy dni ziemskości
przed nieśmiertelnym zejściem do otchłani,
to nie musiałbym wierzyć w wiarę lub niewiarę,
Ale tego się nie da osiągnąć bez śmierci.

Bogdan Czaykowski

MEDITATION

Yet this universe isn't all that simple.
In the end, from a countless multiplicity of words,
you can choose a few telling
the truth, namely not about what certainly is,
but may be, may be.

So maybe, the universe,
the Newtonian, and the meta-Einsteinian,
is god-less, which means either
that our distance from its principle
is unbridgeably vast,
or that beyond the universe there literally
is Nothing, though we are,
and our time is, as in a bubble of ocean,
which one day will burst.

It is difficult to have such *unbelief*. But it's also
difficult to multiply principles of principles into infinity.
The catastrophe of my thought!
How dare I summon you, raise you on a cross!
Were I, having come to believe that I am the son,
to prove this even with my death,
were I then to rise for three days of earthness
before an immortal descent into the abyss,
then I wouldn't need to believe in belief or unbelief,
but that cannot be had without death.

Bogdan Czaykowski

JAK DZIECKO

Jak dziecko, które w strachu ciekawości
Kurczowo trzyma się rękawa
Starej piastunki, ciągnąc ją do lasu –
Tak ja sam siebie wiodę, zanurzając
Stopy w nieprzenikniony nurt milczącej rzeki,
Której brzeg szumi z głębokości mroku
cieniami liści, co nie mają cieni.

Bogdan Czaykowski

LIKE A CHILD

Like a child,
Which in dread curiosity
Tightly grips his old nanny's sleeve
And pulls her to the wood,
So do I lead myself
Dipping my feet
In fathomless waters of a silent stream,
Whose banks rustle in darkest depths
With leafy shadows that have shed their shade.

Bogdan Czaykowski

NIE JESTEM TYM, CZYM JESTEM

Nie jestem tym czym jestem. I kiedy to, czym jestem,
Przestanie być, czym jest, czy zginie także to,
Kim jestem?
Obłok, który się w czarną chmurę zmienia,
Kiedy wypłacze z siebie cały deszcz,
I wszystkie błyskawice piorunami pouziemia,
Czym jest?

I'M NOT THAT WHICH I AM

I'm not that which I am. And when that, which I am,
Ceases to be that which it is, will that who I am
Perish too?
A cloud grown black,
When it weeps away all its rain
And earths its lightnings with thunder,
What is it?

Moved by the Spirit

ANDRZEJ BURSA
(1932-1957)

Andrzej Bursa, poet and prose-writer, born in 1932 in Kraków and died there in 1957 of heart disease. His poetry was published posthumously in 1958.

"His is a poetry of total disenchantment and his desolate, though outwardly tough voice, was instantly recognised by his young contemporaries as the most authentic one in the physical and spiritual desolation brought by the war and Stalinist terror". (Jan Darowski)

Andrzej Bursa

ŚW. JÓZEF

Ze wszystkich świętych katolickich
najbardziej lubię św.józefa
bo to nie był żaden masochista
ani inny zboczeniec
tylko fachowiec
zawsze z tą siekierą
bez siekiery chyba się czuł
jakby miał ramię kalekie
i chociaż ciężko mu było
wychowywał Dzieciaka
o którym wiedział
że nie był jego synem
tylko Boga
albo kogo innego
a jak uciekali przed policją nocą
w sztafażu nieludzkiej architektury Ramzesów
(stąd chyba policjantów nazywają faraonami)
niósł Dziecko
i najcięższy koszyk.

Andrzej Bursa

SAINT JOSEPH

Of all Catholic saints
I like Saint Joseph best
he was no masochist
or some other queer
but a professional
always with that axe
without the axe he must have felt
his arm was crippled
and though it came hard for him
he brought up the Brat
which he knew
was not his son
but God's
or somebody else's
and when they were running away from the police
in the night
amid the figured landscapes of Ramases' inhuman architecture
(I suppose that's why 'pharaoh' means 'policeman')[4]
he carried the Child
and the heaviest basket.

---

[4] *In Polish slang of the period.*

Moved by the Spirit

ADAM CZERNIAWSKI
(b.1934)

Adam Czerniawski, poet, essayist, prose-writer and translator, born in 1934 in Warsaw. Left Poland in 1941 and since 1947 has lived mostly in Britain, employed in various administrative and academic jobs. Published his autobiographical *Scenes from a disturbed childhood* in Polish and English.

"Holding together lyrical density and philosophical acuity is one of Czerniawski's major achievements; his poetry is at times hearteningly complex; but it can also have an almost nostalgic lyrical simplicity." (Stephen Watts). "Consistently labelled in Polish criticism as a "poet of culture", Czerniawski, like Czesław Miłosz, belongs to the category of writers who express their struggle with culture and history in profoundly personal terms." (Joanna Niżyńska)

Adam Czerniawski

FRAGMENT

Dobrze jest być pierwiastkiem sprawdzalnego świata
zmysłowo przeczuwać kształty i przestrzenie
one stale zmienne, barwy ciągle kłamią
twarz uchwycona w spojrzeniu, zmyślona nad ranem,
stąd smutek, żal gestu, tonacji czy woni
które przebrzmiały.

Czymże jest więc nieśmiertelna dusza?
Jeśli – powiada Augustyn – ponadzmysłowa trwa wiecznie
jak rdzeń trójkąta, cóż o niej wiemy?
Boć nie tylko zapach desek w tartaku i krzyk mew na skałach
ale też prawa fizyki, wzory geometrii, ale treść logiczna
zdań kojarzy się z nocą letnią nagle na wsi:
Jak wyobrazić rozum bez ręki, bez oczu,
któż myśląc o przekątniach nie zauważy
łuku twoich włosów, nie usłyszy znajomych głosów
płynących z tarasu o zmierzchu w asymetrii gwiazd?

FRAGMENT

It's good to be a particle of the verifiable world
sensuously to anticipate spaces and forms
they're always changing, colours ever deceiving
a face caught in a glance, thought up at dawn,
hence sorrow, the lament for a gesture a tone a scent
now faded.

What then is the immortal soul?
If – says Augustine – supersensual it lasts forever
like the essence of a triangle, what do we know of it?
For not only the scent of sawn wood and the gulls' cry on the rocks
but also physical laws, geometrical equations, the logical form
of propositions suddenly fuse with a summer night in the country:
How imagine an armless eyeless reason,
who thinking of diagonals will not notice
the arc of your hair, not hear familiar voices
drifting from the terrace at dusk in the asymmetry of stars?

Adam Czerniawski

WYSPA GAUNILONA

"pada śnieg czarne przemilkłe konary pory-
sowane szronem zdania trzeszczą w ogniu zmrożonego mózgu
dłonie tracą wyczucie węch ścina się na lód z pociech
zmysłowych w zaprzeczeniu dźwięków i barw rodzi się czysta
myśl o niedoskonałym bogu mnich grzeje ścierpłe paluchy
zapisuje logiczne etapy objawionych snów spieszy się
by zdążyć przed doczesnym wybuchem kwiatów i krwi
lecz wyspa odpływa nikną szorstkie domki rybaków
nacicha gwar mgły schodzą na pola nawet zimą sady
bieleją śnieg zasypuje ślady przewodów i dysput"

                odsuwam brulion odkładam okulary
przecieram oczy robi się chłodno czuję zmęczenie
Nam w ciężkich czasach żyć przyszło

III 1964

GAUNILO'S ISLAND

"snow is falling black silence-soaked boughs sentences
scratched with frost crackle in the fire of a frozen brain
hands lose their feeling the sense of smell congeals into ice
    from sensual consolations
in the negation of sounds and colours a pure thought
is born about an imperfect god a monk warms numb stubby fingers
notes down the logical stages of revealed dreams hurries
to conclude before the temporal explosion of flowers and blood
but the island floats away the fishermen's rough dwellings vanish
murmurs subside mists descend on the fields even in winter
the orchards whiten snow covers the traces of arguments and
disputations"

                I push away my notebook remove my glasses
rub my eyes it's growing chilly I feel tired
We happen to live in difficult times

III 1964

Adam Czerniawski

SAMOSĄD

ulepiony z gliny babilońskiej na podobieństwo
człowieka panowałem bezwzględnie przez wieki
aż do powstania i zdrady ukrzyżowany za piłata z pontu
umarłem lecz zmartwychwstałem wykształcony w atenach
przetrwałem dni ucisku i wzgardy ostatnio wykruszam się
rdzewieję widują mnie jeszcze raz tu raz tam
na ołtarzu i w snach

      lecz jedni
głoszą że już umarłem inni że byłem fikcją od samego
początku sfałszowali świadectwo przekupili gapiów
ktoś jeszcze dowodzi mojego istnienia jestem zmęczony
chciałbym już odejść śnieg za oknami tworzy geometrię
bieli całun rzeczywisty jest doskonalszy szóstego
dnia ulepiony liście soczyste zroszone nad ranem
mówią o mnie myślą o mnie więc dotąd jestem

SELF-JUDGMENT

shaped from babylonian clay in the image
of man I ruled ruthlessly through the ages
until the revolt and betrayal crucified under pontius pilate
I died but rose again educated in athens
I survived the days of oppression and scorn lately I've been crumbling
rusting they still see me now here now there
on altars and in dreams

      but some
proclaim me long dead others a fiction from the very
start they falsified the testimony bribed the gawkers
someone is still proving my existence I'm tired
I'd like to leave now the snow outside the windows forms a geometry
of white the real shroud is more perfect shaped
on the sixth day succulent leaves dewy in the morning
people speak of me think of me so I still exist

Adam Czerniawski

INCYDENT W DOLINIE

Leży pobity w rowie. Błaga litości. Przechodzę na drugą stronę. Gdybym zalał rany oliwą, w tych oczach zabłysłaby obleśna wdzięczność, której potem wstydziłby się do śmierci.
Więc przechodzę na przeciwną stronę i unikam skały, która właśnie obrywa się ze zbocza. W domu składam ofiarę z trzech białych jagniąt.

VIII 1966

INCIDENT IN A VALLEY

He lies beaten up in the ditch. Begs for compassion. I pass by on the other side. Had I salved his wounds with oil, his eyes would have shone with unctuous gratitude, and he would have been ashamed of that until death.
So I pass by on the other side and avoid the rock that has just fallen down the slope. At home I make a sacrificial offering of three white lambs.

VIII 1966

Adam Czerniawski

INCYDENT W ŚWIĄTYNI

Oczywiście jestem biegły w piśmie
znam też Hezjoda i prawa Solona
Egipt zwiedziłem i wzgórza Koryntu
przechowuję warianty *Pieśni nad pieśniami*
patronuję młodym
kultywuję względy satrapów Augusta
lecz nie bez korzyści dla sprawy narodu.
Dziś w świątyni dosłyszałem szept:
"Dzięki Ci żeś nie stworzył mnie Faryzeuszem"
jakiś biedaczek może celnik
może pasterz zelota lub rybak
nie czytał Diona z Magnezji –
gdyby był mną to by go nie było.

INCIDENT IN A TEMPLE

Naturally I have mastered writing
I also know Hesiod and Solon's laws
I've toured Egypt and the Corinthian hills
I preserve variants of the *Song of Songs*
act as young men's patron
cultivate the favours of Augustan satraps
though not without benefit to the nation.
Today in the Temple I heard a whisper:
"Thank You for not making me a Pharisee"
some poor fellow maybe a tax-gatherer
maybe a shepherd a zealot a fisherman
hasn't read Dion of Magnesia –
had he been me he would not have existed.

Adam Czerniawski

INCYDENT W NIEBIE

najpierw bito go w domu
ojciec zdolny buchalter grywał wieczorem na flecie
starsza siostra włóczyła się po knajpach
piwne oczy matki często zachodziły łzami
potem wstąpił do partii
potem wyfasował mundur
potem mianowany szefem obiektu strzeżonego drutem
potem ślub z córką neurologa
potem zaczęły napływać transporty
potem urodziło mu się dziecko
potem regularnie przychodziły dalsze transporty
w grudniu spadł pierwszy śnieg
odznaczony za sprawność i pilność
kupił synkowi grzechotkę i czerwony parowóz
wyspowiadał się i poszedł z żoną na pasterkę
w niebie radowało się 99 niewinnych

INCIDENT IN HEAVEN

as a child he was beaten at home
his father an able book-keeper played the flute in the evening
his elder sister roamed the pubs
his mother's hazel eyes often brimmed with tears
then he joined the party
then was issued a uniform
then was placed in charge of a fenced compound
then marriage to a neurologist's daughter
then the transports began to flow
then a child was born
then further transports arriving regularly
in December the first snow fell
honoured for his efficiency and diligence
he bought his son a rattle and a red locomotive
confessed his sins took his wife to Midnight Mass
in Heaven 99 innocents rejoiced

Adam Czerniawski

ŚW. SEBASTIAN
pamięci J.Ś.(1928-1944)

I

Dziś, stając pod murem,
Oczy ma zawiązane:
Osaczony niewidzialnym ślepym otoczony kołem
Powieki zaciska ostatni raz.

II

Późną nocą,
Gdy Irena dała znak,
Wyszły na drogę
Kolczastych kamieni.

Krzyk sowy.

Skostniałe nagie ciało spróchniałe
Stargane strzałami.

III

Z zimnych ścian kamiennej komnaty
Mozaikowe oczy śledziły
Starca w szatach króla-maga,
Zrabowanych na Wschodzie.
(Złotą mirrą zdławiony
Odurzony marmurowy bóg
Z ołtarza światem władał).
Był on jak dziecko,
Rozbijając zabawkę-życie człowieka,
Który też, gdy świat stary umierał,
Ręką oczy przysłaniał, gwiazdy na wschodnim niebie szukając.

Adam Czerniawski

ST SEBASTIAN
In memoriam J.Ś. *(1928-1944)*

I

Today, beneath the wall,
He stands blindfolded:
Held at bay beset by an invisible blind circle,
He closes his eyes for the last time.

II

Late at night
When Irena gave the signal,
The women departed for the way
Of thorny stones.

An owl's shriek.

Hardened naked flesh decayed
Torn by arrows.

III

From the cold walls of a stone chamber
Mosaic eyes stalked
An old man in the robes
– Plundered in the East –
Of a magus-king.
(Stifled with golden myrrh
The dazed marble god
Ruled the world from the altar.)
He was like a child,
Smashing the toy-life of someone
Who also, when the old world was dying,
Laid his hand across his eyes, seeking a star in the eastern sky.

Adam Czerniawski

IV

Oczy przestraszone
Biała delikatna
Ręka na
Spalonym ciele
Szepty
Płacz
I wycie psów w ciemnościach.

V

Lecz wówczas
On widział ich przed sobą,
W słońcu prężących muskuły i łuki.

VI

Zaś Łazarz po śmierci
Żywot spokojny wiódł,
Panu na śmierć idącemu
Do stołu z Martą podawał.

X 1953

Adam Czerniawski

IV

Frightened eyes
A white delicate
Hand on
Scorched flesh
Whispers
Tears
And the howl of dogs in the dark.

V

But at that time
He saw them before him
Flexing their muscles and bows in the sun.

VI

While after death Lazarus
Led a quiet life,
At table he and Martha
Served the deathbound Lord.

X 1953